SELLNER

ENGLISCH IM ALLTAG

SELLNER

ENGLISCH IM ALLTAG

Alphabetisch geordnetes Nachschlagewerk
von englischen Sentenzen, Sprichwörtern, Phrasen,
Floskeln, Redewendungen, Zitaten und Formeln
sowie Abkürzungen mit rund 1200 Stichwörtern
aus allen Lebensbereichen

VMA-VERLAG
WIESBADEN

Bearbeitung: Dr. Angus Munro

VMA-Verlag Wiesbaden 2006

Lizenzausgabe mit freundlicher Genehmigung des
Originalverlages

Druck und Bindung: GGP Media GmbH, Pößneck
ISBN 3-928127-10-1

Vorwort

Beim Erwerb einer Fremdsprache geht es nicht nur um das Lernen von Grammatik, die Beherrschung der Aussprache und die Entwicklung eines Grundwortschatzes. Sehr bald taucht für den Lernenden ein weiterer Aspekt auf, der ihn oft verwirrt und frustriert: der ganze Bereich der Redewendungen, der so viele Schwierigkeiten bereitet, da er eine Art Potpourri der sozio-psychologischen Struktur des Landes darstellt, in welcher Geschichte, Literatur, kulturelles Erbe, Traditionen, politische Institutionen und viele andere Faktoren eine Rolle spielen.
Kurz gesagt, Redewendungen sind ein Stück sprachlicher Landeskunde.
In jedem Land ist der Durchschnittsbürger von den prägenden Kindheits- und Jugendjahren an, besonders durch den Einfluß der Schule, in der »Landeskunde« der Gesellschaft verwurzelt, in der er lebt. Der Ausländer, der die fremde Sprache lernen will, muß sein diesbezügliches Defizit ausgleichen, wenn er das Land richtig verstehen will. Denn landeskundliche Redewendungen spielen in der Alltagssprache eines Volkes eine große Rolle: Sie machen Zeitungslektüre, Fernsehen und das Verstehen von Sportkommentaren in jedem Einzelfall zu einem äußerst schwierigen Unternehmen für Anfänger.
Und nirgends in Europa ist dieser Aspekt der Sprache deutlicher erkennbar als in Großbritannien, das seine ungebrochene Verbindung mit der Vergangenheit betont. Beispiele dafür sind das Königshaus mit seinen mittelalterlichen Zeremonien, Pomp und Förmlichkeiten des Oberhauses sowie das alte Rechtssystem, das nie eigentlich kodifiziert, son-

dern im Laufe des vergangenen Jahrtausends ständig ausgebaut wurde.

Durch die Wechselwirkung von politischen Traditionen, aristokratischen Privilegien und mittelalterlichen Ritualen wurde ein einzigartiger Sprachtypus konserviert.

Das »Vereinigte Königreich« ist ferner keine homogene Einheit, sondern besteht aus vier Teilen, nämlich England, Wales, Schottland und Nordirland, von denen jeder sein eigenes kulturelles Markenzeichen hat, das sich in sehr unterschiedlichen Dialekten und regionalen Traditionen widerspiegelt.

Obwohl die kulturelle Vielgestaltigkeit eine positive Bereicherung für das Leben in Großbritannien ist, erweist sie sich doch als am Anfang verwirrend für den Fremden, und alle Englischlernenden müssen früher oder später mit diesem Bereich der Sprache zurechtkommen.

Das vorliegende Buch soll sowohl Einführung wie Nachschlagewerk für all diejenigen sein, die praktische Kenntnisse der englischen Umgangssprache erwerben wollen.

Ich hoffe aber, daß es auch eine Quelle des Vergnügens für die Leser ist, die wissen, daß die Redewendungen in einer Sprache eine wertvolle Fundgrube für Humor und Lachen sind. Das trifft besonders auf die britische Gesellschaft zu, in der Witz, Wortspiel, Schlagfertigkeit und Understatement in Alltagsgesprächen sehr geschätzt werden.

Angus Munro

A

A 1 erstklassig. Die Bezeichnung stammt aus *Lloyd's Register of British and Foreign Shipping*. Dort werden Handelsschiffe nach einem System eingestuft, in dem Buchstaben den Zustand des Schiffskörpers und Zahlen den Zustand von Maschinen und Gerät angeben.

above board offen, korrekt. Wörtlich: auf dem Tisch. Der Ausdruck kommt aus dem Wettspielermilieu. Die Hände sollen, um Falschspiel zu vermeiden, für alle sichtbar auf dem Tisch bleiben.

absence makes the heart grow fonder entspricht dem deutschen »Die Liebe wächst mit der Entfernung« und ist einem bekannten Lied des frühen 19. Jahrhunderts entnommen. Die Marx Brothers drehten einen Film mit dem abgewandelten Titel »Absinthe makes the heart grow fonder.«

acid umgangssprachlich für die Droge LSD. Wörtlich: Säure. Daher der Ausdruck *acid rock* für psychedelische Musik.

Act of Parliament ein vom Parlament verabschiedetes Gesetz. Ein (noch nicht verabschiedeter) Gesetzentwurf heißt *bill*.

affluent society Wohlstandsgesellschaft. Der Ausdruck wurde in den späten fünfziger Jahren nach Erscheinen des Buches von J. K. Galbraith, *The Affluent Society* (1958), bekannt.

after hours Polizeistunde, nach Dienstschluß, nach Ladenschluß.

afters umgangssprachlich für *dessert*, Nachtisch.

aggro Krawall, Stunk. Umgangssprachlich für *aggression*.

an albatross round one's neck etwas, das ständig an Fehler aus der Vergangenheit erinnert. Die Redewendung bezieht sich auf ein Gedicht von S. T. Coleridge, »The Ancient Mariner« (1798), in dem ein Seemann auf hoher See einen Albatros tötet und so dem Schiff Unglück bringt. Der tote Albatros wird ihm als Zeichen seiner Schuld um den Hals gehängt.

all chiefs and no Indians wörtlich: lauter Häuptlinge und keine Indianer. In der Redewendung wird beklagt, daß alle befehlen wollen und niemand die Arbeit zu tun bereit ist.

All Fools' Day der 1. April. Bis Mittag dürfen die Kinder Aprilscherze machen. Wenn ein Streich gelungen ist, rufen sie *April Fool*.

all present and correct Mit der Wendung wird im Sinne von »Alles in Ordnung« oder »Alles bereit« Bereitschaft zum Beginn der Arbeit, Antritt einer Reise usw. signalisiert. Ursprünglich war es beim Militär die Meldung an den vorgesetzten Offizier.

all roads lead to Rome »Es führen viele Wege nach Rom«. Gemeint ist, daß unterschiediche Methoden und Denkansätze zu demselben Ergebnis führen können.

all systems go Die Wendung, die Startbereitschaft ausdrückt, wird heute bei vielerlei Gelegenheiten verwendet. Ursprünglich war es die offizielle Formel bei Raketenabschüssen der NASA in Cape Canaveral.

All women become like their mothers. That is their tragedy. No man does. That's his. »Alle Frauen gehen nach ihren Müttern – das ist ihre Tragödie. Männer nie – das ist auch ihre Tragödie.« Oscar Wilde, *The Importance of Being Earnest* (1895).

all work and no joy makes Jack a dull boy singgemäß: Wir brauchen alle Erholung, damit unsere Schaffenskraft erhalten bleibt. Wörtlich: Immer nur Arbeit und kein Spiel macht aus Jack einen einfallslosen, dummen Jungen

an also-ran einer, der unter »ferner liefen« ankommt. Beim Pferderennen ist ein Pferd gemeint, das nicht einen der ersten drei Plätze belegt, also keinen Preis bekommt. Im weiteren Sinne bezieht sich der Ausdruck auf jemanden, der sich nicht durch besondere Leistung hervortut.

and that's that! und damit basta! Energisches, emphatisches Beenden einer Diskussion.

Angry Young Men Bezeichnung für eine Gruppe englischer Autoren, die sich in den fünfziger Jahren gegen die herrschende Moral und Ideologie Großbritanniens auflehnten. Sie werden nach dem Schauspiel *Look Back in Anger* (1956) von John Osborne benannt. Der Ausdruck wurde vielfach auf die ganze Generation der fünfziger und sechziger Jahre angewendet.

another good man gone! Wieder ein guter Mann weniger! Humorvoll-bedauernde Redensart in Männerkreisen, die sich auf einen Jungverheirateten bezieht.

to answer a call of nature euphemistische Umschreibung des Gangs zur Toilette. Wörtlich: dem Ruf der Natur folgen. Im Englischen manchmal in der Kurzform *to pay a call.*

the answer to a maiden's prayer ein attraktiver junger Mann, der ideale Mann. Wörtlich: Antwort auf das Gebet einer Jungfrau.

are you with me? Können Sie mir folgen? Verstehen Sie?

armchair general einer, der aus sicherer Entfernung gute Ratschläge erteilt. Ähnlich: *armchair politician* (»Stammtischpolitiker«); *armchair strategist* (»Salonstratege«).

arrows Kneipenausdruck für das Pfeilwurfspiel *darts.*

arts degree Abschlußexamen in geistes- oder sozialwissenschaftlichen Fächern.

Ashmolean Museum Museum und Bibliothek für Künste, Geschichte des Altertums und Archäologie, 1683 in Oxford von Elias Ashmole als erstes öffentliches Museum in England gegründet.

ask no questions and you'll be told no lies Mit dieser Redewendung begegnet man lästigen oder neugierigen Fragen.

association football auch: *soccer.* Fußball nach den Regeln der Football Association, wie er auch in anderen Ländern (z. B. Europas und Südamerikas) vorwiegend gespielt wird – im Unterschied zu *American football* und *rugby football.*

assurance Lebensversicherung. Andere Arten von Versicherung werden als *insurance* bezeichnet.

as the actress said to the bishop Die Wendung fügt einer an sich harmlosen Bemerkung eine versteckte sexuelle Anspielung hinzu. Wörtlich: . . . sagte die Schauspielerin zum Bischof.

as the crow flies Luftlinie. Wörtlich: wie die Krähe fliegt.

Aussie freundlich-umgangssprachliche Bezeichnung für Australier. Ursprünglich wurden australische Soldaten von Engländern so bezeichnet, mit denen sie im Ersten Weltkrieg in Frankreich kämpften.

avoirdupois britisches (und nordamerikanisches) Handelsgewicht, zu dem *ounce, pound* und *ton* gehören. (1 Pfund = 16 Unzen, ungefähr 460 g).

aye, aye, sir! zu Befehl! Insbesondere bei Seeleuten übliche Bestätigung eines Befehls.

B

babe in the woods leichtgläubiger, naiver Mensch. Die Bezeichnung erinnert an *Hänsel und Gretel*, aber auch an eine Sage aus Norfolk.

to back the wrong horse »auf das falsche Pferd setzen«. Der falschen Sache oder dem Verlierer seine Unterstützung geben.

back to the drawing board Die Wendung besagt, daß man nach mißlungenem Unternehmen wieder von vorn anfangen muß. Wörtlich: zurück zum Reißbrett. Ähnlich auch: *back to square one*, mit Bezug auf die Ausgangsposition beim Brettspiel.

backbencher »Hinterbänkler«. Abgeordneter, der keinen besonderen politischen Rang innehat und im Parlament in den hinteren Reihen sitzt.

back-handed compliment zweifelhaftes Kompliment; scheinbares Kompliment, das in Wirklichkeit eher eine Herabsetzung ist.

backroom boys in der Industrie geläufige Bezeichnung für Wissenschaftler und Techniker, die hinter der Szene wichtige Arbeit leisten. So wurde im Zweiten Weltkrieg wissenschaftliches Personal genannt, das mit der Entwicklung von Kriegstechnologie betraut war.

back-seat driver besserwisserischer Mitfahrer im Auto. Von daher jemand, der ständig unerwünschte Ratschläge erteilt.

to be a square peg in a round hole am falschen Platz sein. Wörtlich: ein eckiger Pflock in einem runden Loch.

be good, and if you can't be good be careful humorvoller Abschiedsgruß an jemanden, der abends ausgeht. Wörtlich: Sei brav, und wenn du nicht brav sein kannst, sei vorsichtig.

to be on tenterhooks »auf die Folter gespannt sein«, »auf glühenden Kohlen sitzen«. Entsprechend im Englischen auch: *to keep somebody on tenterhooks. Tenterhooks* waren Haken, mit deren Hilfe frisch gewebte Stoffe gedehnt wurden.

To be or not to be, that is the question. »Sein oder Nichtsein, das ist hier die Frage.« Shakespeare, *Hamlet* (III, 1).

be seeing you! umgangssprachlicher Abschiedsgruß.

to be sent down relegiert werden. Strafmaßnahme der (britischen) Universitäten bei mangelndem Studienerfolg.

beauty sleep der Schlaf vor Mitternacht, der angeblich gut für die Gesundheit ist – und für die Schönheit.

Beefeater Bezeichnung für die *Yeomen of the Guard* (königliche Leibgarde, die 1485 gegründet wurde) und für die Wächter im *Tower of London,* die ihren Dienst in den Uniformen der Tudor-Zeit tun. Wörtlich: Rindfleisch-Esser (= niederer Dienstbote).

beggars can't be choosers Deutsche Entsprechung: »Einem geschenkten Gaul sieht man nicht ins Maul.« Wörtlich: Bettler dürfen nicht wählerisch sein.

the best of British luck to you! im Militärjargon des Zweiten Weltkriegs ironisch gemeinter Wunsch. Heute gewöhnlich zu *the best of British* abgekürzt und positiv verstanden.

the better part of valour is discretion »Das bessere Teil der Tapferkeit ist Vorsicht« – sagt Falstaff, der Anti-Held in Shakespeares *Henry IV* (First Part, V, 4)

Big Ben nicht, wie oft fälschlich angenommen, der Turm des Londoner Parlamentsgebäudes oder die Turmuhr, sondern lediglich eine dreizehn Tonnen schwere Glocke im Turm, nach Sir Benjamin Hall benannt.

Big Brother Symbol des allgegenwärtigen totalitären Staates. In George Orwells Roman *Nineteen Eighty-Four* ist es der Diktator, auf dessen Plakatbild die Botschaft steht: »Big Brother is watching you!«

The Big Smoke eine der (nicht nur) scherzhaften Bezeichnungen für London.

bigwig bedeutende Persönlichkeit, hohes Tier. Der Ausdruck bezieht sich auf die stattlichen Perücken, die englische Aristokraten im 17. und 18. Jahrhundert trugen. Auch heute noch tragen in England Richter Perücken als Zeichen von Amt und Würde.

bird umgangssprachlich scherzhaft für »Mädchen«, z. B. in Wendungen wie »She's a nice looking bird«.

birdie beim Golfspiel das Einlochen des Golfballs mit einem Schlag weniger als *par* (dem Durchschnitt). Zwei Schläge unter *par* bedeutet ein *eagle*.

Black Velvet alkoholisches Getränk, je zur Hälfte Champagner und Guinness. Es soll Bismarcks Lieblingsgetränk gewesen sein.

Black Maria entspricht im Deutschen der »grünen Minna«. Polizeifahrzeug für Gefangenentransport. Der Ausdruck kam im 19. Jahrhundert aus den Vereinigten Staaten.

Black Watch berühmtes schottisches Infanterieregiment, das seinen Namen nach der dunklen Farbe der Uniform erhielt. Das Regiment wurde 1739 gegründet, um im rebellierenden Hochland die Ordnung aufrechtzuerhalten. Wörtlich: Schwarze Wache.

The Blackboard Jungle Die Bezeichnung bezieht sich auf Großstadtschulen mit schlechter Disziplin und hoher Jugendkriminalität. Ursprünglich Titel eines Romans von Elan Hunter (1954).

blackleg Schimpfwort für gewerkschaftlich nicht organisierte Arbeiter, die unter Tarif und auch während eines Streiks arbeiten. Heute vielfach auch: *scab*.

blank cheque Blankoscheck. Im übertragenen Sinne heißt *to give someone a blank cheque* »einen Freibrief ausstellen.«. Auch: *free hand*.

blarney Schmeichelei, Schmus, Überredungskunst. Nach dem legendären Stein, der am Schloß von Blarney in Irland angebracht ist (allerdings an fast unzugänglicher Stelle) und dem, der ihn küßt, die Gabe der Überredung verleiht.

Blighty So wird England bisweilen von in Übersee dienenden Soldaten bezeichnet. Das Wort wurde zuerst in der britischen Armee in Indien verwendet und ist von dem einheimischen *bilayati* (= fremd, weit weg) abgeleitet.

blimp erzkonservativer, etwas beschränkter älterer Herr. Im Ersten Weltkrieg wurde das Wort für Beobachtungsballons verwendet. Die heutige Bedeutung ist von der Karikatur des *Colonel Blimp* abgeleitet, die der Zeichner David Low in den dreißiger Jahren als Abbild des typischen englischen Konservativen schuf.

blind as a bat stockblind. Wörtlich: so blind wie eine Fledermaus. Sarkastischer Ausdruck für jemanden, der nicht merkt, was sich vor seinen Augen abspielt.

blind drunk sinnlos betrunken. Auch: *drunk as a lord*.

The Bloody Butcher Beiname für den Herzog von Cumberland (1721–65, Sohn Georg II.), der die schottischen *Highlanders* nach der Schlacht von Culloden blutig unterdrückte.

Bloody Mary Cocktail aus Wodka, Tomatensaft und Gewürzen. Die Bezeichnung – und die Farbe des Getränks – spielen auf die Königin Mary, Tochter Heinrich VIII., an, in deren Regierungszeit die Protestanten grausam verfolgt wurden.

Bloomsbury Group Gruppe von Künstlern und Intellektuellen um Virginia Woolf, Lytton Strachey, Bertrand Russel und E. M. Forster. Sie trafen sich zwischen 1910 und 1940 im Londoner Stadtteil Bloomsbury und erregten mit ihren ästhetischen und moralischen Grundvorstellungen, aber auch durch ihren unkonventionellen Lebensstil allgemeine Aufmerksamkeit.

to blow hot and cold unentschlossen, wankelmütig sein.

blue movie Pornofilm (vgl. Andy Warhols Film mit dem gleichen Titel).

Blue Peter Signalflagge (weißes Rechteck auf blauem Grund), die von Schiffen vor dem Auslaufen gesetzt wird.

the blue-eyed boy der Liebling (oft mit verächtlichem oder neidvollem Unterton gesagt).

bobby wohlwollend-freundlicher Spitzname für »Polizist«. Nach Sir Robert (»Bobby«) Peel, der 1829 in London die berühmte Metropolitan Police gründete. Heute oft nostalgisch verwendet: »The good old British bobby.«

bold as brass frech, unverschämt (*brass* = Messing; in der Musik: Blechbläser).

boloney Quatsch (abgeleitet von »Bologna sausage«).

Bolshie von *Bolshevik*, in abwertendem Sinne »Kommunist« oder »Roter«; das Wort wird heute vorwiegend adjektivisch verwendet, im Sinne von »stur«, »rotzig«, »aggressiv«.

a bolt from the blue ein Blitz aus heiterem Himmel.

Bombay Duck nicht etwa ein Entenbraten, sondern ein

Fisch *(bummalo)*, der getrocknet und mit Curry gegessen wird. Kenner der indischen Küche in England sind mit dieser Beilage wohlvertraut.

bone-shaker Klapperkiste, alte Mühle. Auto oder Fahrrad, das einem die Knochen rüttelt.

Boney englischer Spitzname für Napoleon Bonaparte. Für englische Kinder früher auch als »schwarzer Mann« bemüht: »If you aren't a good boy, Boney will catch you.«

the Book of Common Prayers seit 1549 Gebetbuch der anglikanischen Kirche; in den vergangenen Jahrhunderten mehrfach verändert und ergänzt.

bookie Buchmacher; Abkürzung für *»bookmaker«* (bei der Wettannahme).

The Border »die Grenze«; im engeren Sinne die Grenze zwischen England und Schottland entlang den Cheviot Hills.

Born 1820, still going strong bekannter Werbespruch für die Whisky-Marke Johnnie Walker.

Born on the wrong side of the blanket unehelich geboren.

born with a silver spoon in one's mouth in einer wohlhabenden Familie geboren. Der Silberlöffel gilt als typisches Patengeschenk.

Botany Bay Bucht südlich von Sydney, Australien, die nach ihrem Reichtum an Pflanzen benannt ist. Hier kamen 1788 die ersten von England in australische Verbannung geschickten Häftlinge an. In der Folgezeit entstand die Wendung »to be sent to Botany Bay« für »nach Australien verbannt werden«.

bothy dürftige, aus einem Raum bestehende Unterkunft für unverheiratete Landarbeiter im Nordosten Schottlands. »Bothy ballads« heißen Lieder, die dort gesungen und jetzt in England sehr populär wurden.

Bow Street Runners Vorläufer der britischen Polizei und Kriminalpolizei. Die Polizeitruppe wurde Mitte des 18. Jahrhunderts in der Bow Street in London gegründet und dann im 19. Jahrhundert von der Metropolitan Police abgelöst.

to bowdlerize »anstößige« Textstellen aus einem Buch entfernen. Das tat Thomas Bowdler (1754–1825), der in seiner zehnbändigen Shakespeare-Ausgabe alle Wörter und Wendungen wegließ, die nach seiner Meinung nicht zum Vorlesen im Familienkreis geeignet waren.

Boxing Day gesetzlicher Feiertag in England am ersten Wochentag nach dem Weihnachtstag. An diesem Tag wurden nach alter Tradition Geschenke an den Briefträger, die Hausangestellten usw. verteilt.

brain trust Experten, Expertenrunde, z. B. bei einer Podiumsdikussion im Fernsehen.

bread Geld. Weitere Slangwörter für »Geld« sind *dough, sugar, brass* u.v.a.

break a leg! Hals- und Beinbruch! Der Ausdruck wird im Showgeschäft verwendet, z. B. wenn ein Schauspieler auf die Bühne geht oder vor die Kamera tritt. Das sonst übliche »good luck!« ist hier tabu.

brevity is the soul of wit Wörtlich: Kürze ist des Witzes Seele. Shakespeare, *Hamlet* (II,2).

brinkmanship »Spiel mit dem Feuer«, das an den Rand (brink) eines Krieges führen kann. Das Wort entstand in den fünfziger Jahren.

Bristol Cream besonders gute Sherry-Marke. Demgegenüber ist Bristol Milk die Warenbezeichnung für Sherry aus der Zeit, in der dieser zum wichtigsten Importartikel in Bristol wurde.

British disease englische Krankheit. Der nicht gerade

schmeichelhafte Ausdruck bezieht sich auf die vielen Arbeitskämpfe, die seit den frühen siebziger Jahren in Großbritannien geführt werden.

busker Straßensänger. Das Wort ist aus dem älteren *to busk* (= improvisieren) hervorgegangen.

butter-fingers Schussel, Tolpatsch.

C

CBI = Confederation of British Industry, Dachverband britischer Arbeitgeber.

C. of E. = Church of England, anglikanische Kirche. Staatskirche Englands, deren Oberhaupt stets der englische Monarch ist.

caddie Helfer, der dem Golfspieler die Golfschläger trägt und auf Flug und Lage des Balles achtet. Der Caddie ist meistens bei Berufsspielern und auf vornehmen Plätzen zu finden.

cakes and ale die angenehmen Seiten des Lebens. Oft negativ in dem Sprichwort: »Life is not all cakes and ale.« Die Redewendung erscheint zuerst in Shakespeares *Twelfth Night* (II,3).

Caledonia römischer Name für Schottland, der noch literarisch, geographisch, bei Firmennamen usw. verwendet wird, z. B. in »Caledonian Canal«.

Caliban in Shakespeares *Tempest* ein wildes, unheimliches Wesen, halb Mensch, halb Tier; Sohn eines Teufels und einer Hexe. Der Name ist ein Anagramm von can(n)ibal.

to call a spade a spade das Kind beim Namen nennen. *Spade* heißt »Spaten«.

candid camera »Vorsicht, Kamera!« Mittels einer versteckten Kamera werden heimlich Aufnahmen gemacht, die im Bildjournalismus oder bei Fernsehshows Verwendung finden.

canned music Konservenmusik (auf Schallplatten, Kassetten usw.). Gegenteil: *live music.*

cant Das von lat. *cantus* abgeleitete Wort hat im Englischen ein sehr breites Bedeutungsspektrum. Es kann sich auf Sondersprachen einzelner durch Beruf, Stand und Milieu geprägter Kreise beziehen (z. B. der Jargon der Bettler oder der Unterwelt), hat daneben aber auch Einzelbedeutungen wie »Gewinsel«, »Gewäsch«, »scheinheiliges Gerede«.

cap and gown Barett (Doktorhut) und Talar. Universitätstracht, wie sie bei feierlichen Anlässen getragen wird.

carriage forward Frachtkosten per Nachnahme.

to carry coals to Newcastle entsprechend im Deutschen: »Eulen nach Athen tragen«. Newcastle war seit jeher ein wichtiger Kohlehafen, und folglich war Kohle dort niemals Mangelware.

to carry the can für die Fehler und Missetaten haften, die andere mitverschuldet haben.

casting-vote entscheidende Stimme (z. B. des Ausschußvorsitzenden) bei Stimmengleichheit.

a cat may look at a king »sieht doch die Katze den Kaiser an«. Das Sprichwort aus dem 16. Jahrhundert besagt, daß auch der Untergebene gewisse Rechte gegenüber Höherstehenden hat. Es kann als trotzige Entgegnung ausgesprochen werden, hinter der der Gedanke steht: »I'm as good as you are.«

cat-o'-nine-tails neun-schwänzige Katze (Peitsche). Früher hauptsächlich in der britischen Armee und Marine verwendet. Erst 1948 formell abgeschafft.

caucus Das aus der amerikanischen Politik kommende Wort wird in England auf interne Gruppen oder Cliquen bezogen, die hinter dem Rücken der Partei Absprachen treffen.

cauliflower ear »Blumenkohlohr«. In der Boxersprache ein durch Verletzungen entstelltes Ohr. Oft auch scherzhaft für: große Ohren.

Celtic Fringe die Gebiete des Vereinigten Königreichs, deren Bevölkerung keltischen Ursprungs ist, d. h. Schottland, Wales und Nordirland, mit keltischen Sprachen, die neben dem Englischen gesprochen werden.

Cenotaph berühmtes Kriegerdenkmal im Londoner Stadtteil Whitehall, zum Gedenken an die Toten der beiden Weltkriege.

Central Office Parteizentrale der britischen Konservativen in London.

chairperson Vorsitzende(r). Früher hieß er/sie »chairman«, ohne Rücksicht auf das Geschlecht, aber im Zuge der Gleichberechtigung wurde die Bezeichnung neutralisiert.

Chancellor of the Exchequer britischer Finanzminister.

chapel Kapelle. Zu den Nebenbedeutungen des Wortes gehört die im Druckereigewerbe, wo es eine örtliche gewerkschaftliche Gruppierung bezeichnet.

char Tee. Das Wort kommt aus dem Indischen und wurde von englischen Soldaten mitgebracht. (Kein Zusammenhang mit »charwoman« = Putzfrau).

charity begins at home Das Sprichwort bedeutet, daß Nächstenliebe zuerst in der eigenen, häuslichen Umgebung praktiziert werden sollte.

chatterbox Quasselstrippe, Klatschbase.

Cheddar der wohl bekannteste englische Hartkäse, nach einem Dorf in Somersetshire benannt, in dem er im 17. Jahrhundert zuerst hergestellt wurde.

cheers! nicht nur im Sinne von »Prost!«, sondern auch im Sinne von »Dankeschön!« umgangssprachlich verwendet.

cheque-book journalism mißbräuchlicher Kauf von Exklusivberichten, z. B. über Kriminelle oder von Kriminellen, bei dem letztlich Verbrechen finanziell belohnt und damit eventuell sogar angeregt werden.

Chequers Landsitz des britischen Premierministers zwischen London und Oxford. 1917 von Lord Lee zur Verfügung gestellt.

chicken-feed wörtlich: Hühnerfutter; in übertragenem Sinne: ein paar Groschen, eine Lappalie. Auch: »eine Kleinigkeit«, »ein Kinderspiel«.

chief cook and bottle-washer scherzhafte Bezeichnung für jemanden, der Küchendienst tut. Auch: »Mädchen für alles«.

a chip of the old block »ganz wie der Vater«. Wörtlich: ein Splitter vom alten Holzklotz.

Chippendale englischer Möbelstil des 18. Jahrhunderts. Thomas Chippendale (1718–1779), ein Kunsttischler aus Yorkshire, eröffnete in London einen Laden und veröffentlichte seine Arbeitsvorlagen. Seine Möbel wurden bald berühmt – und kopiert.

Andere englische Möbelstile des 18. Jahrhunderts: Hepplewhite, Sheraton.

chopper umgangssprachlich für »helicopter«, in Anspielung auf Geräusch und Bewegung der Rotorblätter.

Chunnel geplanter Tunnel zwischen England und Frankreich unter dem Ärmelkanal. Kurzform von »Channel Tunnel«.

City Kurzform für »City of London«, ein selbstverwalteter Stadtbezirk im Herzen Londons am linken Ufer der Themse. In diesem Gebiet liegen die St. Paul's-Kathedrale, Fleet Street, die Bank von England, die Börse und große Finanzhäuser.

City of Dreaming Spires literarischer Name für *Oxford.*

Civil Service Staatsdienst, öffentlicher Dienst. Die Gruppe der »civil servants« in England ist allerdings nicht mit Beamtentum oder öffentlichem Dienst in anderen europäischen Ländern gleichzusetzen. Sie umfaßt z. B. nicht das Militär, weite Bereiche der Verwaltung und des Rechtswesens, Lehrer.

clan schottische Sippe/Großfamilie mit gemeinsamen Vorfahren und einem Oberhaupt (clan chief). Jeder Clan hat sein eigenes kariertes Stoffmuster für die Kleidung (tartan) und seine eigene Dudelsackmelodie. Weitgehende politische und juristische Macht der Clan Chiefs wurde bereits im 18. Jahrhundert abgeschafft.

claret roter Bordeaux(wein). Auch als Farbbezeichnung.

cleanliness is next to godliness wörtlich: Reinlichkeit ist der Gottesfurcht am nächsten. Altes Sprichwort, aus einer Predigt John Wesleys, des Begründers des Methodismus.

Cleopatra's Needle Obelisk (Spitzsäule) am Themse-Ufer in London, der 1877 aus Alexandrien dorthin gebracht wurde. Er war ursprünglich ca. 1500 v. Chr. in Heliopolis errichtet worden. Eine direkte historische Beziehung zu Kleopatra gibt es nicht, außer daß Alexandrien ihre Hauptstadt war. Die »Nadel der Kleopatra« hat ein Pendant im Central Park in New York.

cliff-hanger spannender Augenblick (am Ende einer Romanfortsetzung). An der Klippe hängend, wird der Held in Abenteuergeschichten am Ende eines Filmteils zurückgelassen, um die Zuschauer auf die nächste Folge neugierig zu machen.

clink Bezeichnung für »Gefängnis«, die von einem 1780 bei Krawallen zerstörten Gefängnis in London stammt.

closed shop Betrieb, der nur Gewerkschaftsmitglieder beschäftigt.

COBOL = Common Business Oriented Language. Programmiersprache für EDV.
Andere: BASIC, FORTRAN, PASCAL.

Cockney Ostlondoner, besonders einer, der in Hörweite der Glocken von St. Mary-le-Bow geboren ist. (Das Wort bedeutet *cock's egg* und wurde von der Landbevölkerung als Spitzname für Städter verwendet.) Auch: Ostlondoner Dialekt.

codswallop Hiram Codd patentierte 1875 eine Sprudelflasche mit Kugelverschluß. »Wallop« war ein Slangwort für Bier. So entstand unter Biertrinkern »Codd's wallop« als verächtliches Wort für Mineralwasser; dann auch, mit erweiterter Bedeutung, »Quatsch«, »Unfug«.

Colonel Bogey Name, den man einem imaginären Golfspieler gegeben hat, für den eine bestimmte Anzahl von Schlägen pro Runde auf einem bestimmten Golfplatz festgesetzt ist. Die Zahl ist so bemessen, daß sie von einem guten Durchschnittsspieler erreicht werden sollte.

come hell or high water Komme, was da wolle. Wörtlich: ob Hölle oder Hochwasser.

to come out in die Gesellschaft eingeführt werden. Der Ausdruck bezieht sich auf junge Damen, die ins heiratsfähige Alter kommen und auf einem Debütantinnenball vorgestellt werden. Heute haben auch Homosexuelle diesen Ausdruck übernommen, die sich öffentlich zu ihrer Neigung bekennen.

comeback Rückkehr zu einer erfolgreichen Karriere nach einer Unterbrechung; besonders bei Sportlern und Schauspielern.

commando Bezeichnung für speziell ausgebildete Stroßtrupps und Spezialeinheiten, die ursprünglich im Zweiten Weltkrieg aus Freiwilligen für besonders gefährliche

Aufgaben zusammengestellt wurden. Das deutsche »Kommando« heißt »command« oder »order«.

Committee of Ways and Means Finanz-/Haushaltsausschuß. Ausschuß des britischen Unterhauses, der die Regierung ermächtigt, Gelder für öffentliche Dienstleistungen zu beschaffen, und Änderungen der Steuergesetze billigt. Über die Verwendung der Gelder wacht dann das *Committee of Supply* (= Bewilligungsausschuß).

Common Law gemeines Recht (im Unterschied zur lokal beschränkten Rechtsprechung), das von den königlichen Gerichtshöfen in England entwickelt wurde. Durch Sammlungen von Präzedenzentscheidungen (precedent) bildete sich das Common Law zum Fallrecht (Case Law) aus. Erst im 19. Jahrhundert entwickelte sich ein Normenrecht (Statute Law).

conker Roßkastanie (Kindersprache); Spiel, bei dem Kinder versuchen, mit einer an einer Schnur befestigten Kastanie die des Partners zu zerschlagen.

convict Sträfling. In der Zirkussprache wird das Zebra so genannt, dessen schwarze und weiße Streifen an Sträflingskleidung erinnern.

cross my/your heart! Hand aufs Herz! Ehrenwort! Auf Ehre! Die erweiterte Fassung der meist von Kindern ausgesprochenen Wahrheitsbeteuerunge heißt:
»Cross my heart and may I die,
If I so much as tell a lie.«

to cross the floor in der Parlamentssprache: zur anderen Partei überwechseln. Im britischen Unterhaus sitzen Regierungs- und Oppositionspartei einander gegenüber.

to cross the line den Äquator überqueren. Für Neulinge ist das oft mit einer Zeremonie verbunden, bei der Neptun hofhält und seine Opfer ins Wasser eintaucht.

Cruft's nach ihrem Gründer benannte Hundeausstellung, die seit 1891 alljährlich in London stattfindet.

crying all the way to the bank Die ironische Wendung bezieht sich auf jemanden, dessen Arbeit künstlerisch oder moralisch anfechtbar erscheint, ihm aber doch eine Menge Geld eingebracht hat.

Crystal Palace eines der großen Bauwerke der viktorianischen Zeit. Aus Glas und Eisen gebaut, beherbergte es die Londoner Weltausstellung von 1851. Das Gebäude wurde 1936 durch ein Feuer zerstört. An den Namen erinnern heute ein Fußballklub und ein Stadion.

D

Darby and Joan Bezeichnung für ältere Eheleute, die einander sehr zugetan sind. Aus einem Gedicht in *Gentleman's Magazine* (1735).

the Dark Ages (finsteres) Mittelalter. So wird insbesondere das Frühmittelalter genannt.

the Dark Continent Bezeichnung für Afrika, das für die übrige Welt so lange »in the dark« war; aber auch wegen der dunklen Hautfarbe seiner Bewohner.

a dark horse (auf der Rennbahn) ein Pferd, über das wenig bekannt ist, ein Außenseiter. In übertragener Bedeutung ein wenig bekannter Kandidat, ein »unbeschriebenes Blatt«.

Davy Jones's Locker Damit ist der Grund des Meeres gemeint, besonders als Grabstätte ertrunkener Seeleute. »Davy Jones« war im 18. Jahrhundert eine Bezeichnung für den Geist der Meere.

daylight robbery bildhafter Ausdruck für Überteuerung, Preiswucher.

D-Day der 6. Juni 1944, an dem anglo-amerikanische Truppen in der Normandie landeten. Später wurde der Ausdruck auch scherzhaft auf den Tag bezogen, an dem in England die neue Währung eingeführt wurde (15. Februar 1971; D für »decimal«).

dead as a dodo lange vorbei, vergessen, ausgestorben. Der Dodo war eine Kranichart mit zurückgebildeten Flügeln, zuletzt im 17. Jahrhundert auf Mauritius gesehen.

a dead heat ein »totes Rennen«. (*heat* hier im Sinne von »Rennen«, »Durchgang«.) Rennen, in dem zwei oder mehr Teilnehmer die Ziellinie gleichzeitig erreichen.

dead-end kids verwahrloste Kinder. Wörtlich: Sackgassenkinder. Der Ausdruck schließt auch fehlende Zukunftshoffnung ein.

Dear John letter Brief einer Frau an ihren Freund oder Verlobten, in dem sie ihm mitteilt, daß sie ihn wegen eines anderen verläßt.

Defender of the Faith Der Titel wurde Heinrich VIII. von Papst Leo X. im Jahre 1521 verliehen, weil er die Lehren von Martin Luther angegriffen hatte. Kurz danach initiierte Heinrich selbst die englische Reformation, wobei er allerdings, wie auch alle späteren Monarchen, den Titel beibehielt. Auf englischen Münzen ist eine Abkürzung der lateinischen Form des Titels *(Fidei Defensor)* eingeprägt.

Derby Pferderennen für Dreijährige, das jährlich in Epsom in der Grafschaft Surrey stattfindet. Im Jahre 1780 von einem Earl of Epson begründet.

Dick Turpin berüchtigter englischer Straßenräuber (1705–1739), der wegen seiner tollkühnen Verbrechen bekannt wurde. Er ist mit Harrison Ainsworths *Rookwood* (1834) in die Literatur eingegangen.

die-hards (besonders in der Politik) die Unentwegten, die Ewiggestrigen, die hartnäckigen Reaktionäre.

Dieu et mon droit (frz. Gott und mein Recht) königlicher Wahlspruch, aus der normannischen Zeit.

dirt-tracking Motorradrennen auf Aschenbahnen.

Dirty Dick's bekannte Kneipe in Bishopsgate, London, deren Inneres mit Staub und Spinnweben aus dem 19. Jahrhundert belassen wurde.

dog-collar nicht nur Hundeshalsband, sondern auch hoher Kragen des Geistlichen.

dog eat dog Die Redewendung bezieht sich auf die Situation rücksichtloser gegenseitiger Zerstörung. Die auch gebräuchliche Umkehrung dieser Wendung, »dog don't eat dog«, hat als deutsche Entsprechung: »Eine Krähe hackt der anderen kein Auge aus.«

the dogs of war symbolischer Ausdruck für die Schrecken des Krieges. Aus Shakespeares *Julius Caesar*: »Cry Havoc and let slip the dogs of war« (»Mord rufen, und des Krieges Hunde entfesseln«, III,1).

the dole umgangssprachlich für »Arbeitslosengeld«. Daher: *to be/go on the dole.*

don Universitätslehrer, Professor (von lat. dominus).

donkey-work Plackerei, Kuliarbeit (*donkey* = Esel).

don't call us, we'll call you ein Hinweis darauf, daß man seine Erwartungen in den Wind schreiben kann. Ursprünglich war dies eine verklausulierte Absageformel an Stellenbewerber nach einem erfolglosen Vorstellungsgespräch.

don't do anything I wouldn't do! ursprünglich Abschiedsgruß an einen Kameraden, der seinen Urlaub antritt. Heute wird die doppeldeutige Wendung vor Rendezvous, Festen und dergleichen benutzt.

don't knock the rock Slogan, der die Kritik am Rock'n Roll abwehren wollte, die nach Bill Haleys Film *Rock Around the Clock* (1956) entstand.

don't try to teach your grandmother to suck eggs Das Sprichwort enthält den Grundgedanken des deutschen »das Ei will klüger sein als die Henne« (suck eggs = Eier aussaugen).

Doctor Livingstone, I presume? Wendung, die scherzhaft als förmliche, pedantische Begrüßungsformel gebraucht wird. Sie wird dem Reporter H. M. Stanley in den Mund gelegt, der den lange verschollenen Afrikaforscher und

Missionar David Livingstone (1813–1873) nach einer Suchaktion im afrikanischen Dschungel wiederfand.

Double, double, toil and trouble:
Fire burn; and cauldron bubble.
Berühmter Hexenspruch aus Shakespeares *Macbeth* (IV,1): »Spart am Werk nicht Fleiß noch Mühe; Feuer sprühe, Kessel glühe!«

Double Dutch unverständliche fremde Sprache oder Kauderwelsch.

double-think Ausdruck aus George Orwells *Nineteen Eighty-Four* (1949), der die Fähigkeit skrupelloser Politiker und Bürokraten bezeichnet, völlig konträre Gesichtspunkte miteinander zu verquicken.

do you want jam on it? Die deutsche Entsprechung dieser ironischen Redensart ist etwa: »Du kriegst wohl nie genug?« »Du kriegst wohl nie den Hals voll?« (jam = Marmelade.)

to down tools aufhören zu arbeiten; auch: streiken.

Down Under in Australien, bei den Antipoden.

a down-and-out ein Mensch, der völlig am Ende (erledigt, abgebrannt) ist, ein Penner.

downers Slangwort für Beruhigungsmittel. Aufputschmittel heißen entsprechend *uppers*.

Downing Street Straße in London, deren Name synonym für »Regierung« ist. Haus Nummer 10 ist das Haus des Premierministers, in dem auch die meisten Kabinettsitzungen stattfinden; in Nummer 11 residiert der Finanzminister und in Nummer 12 der Chief Whip (etwa: Geschäftsführer der Regierungspartei).

Dr. Jekyll and Mr. Hyde die beiden Seiten einer gespaltenen Persönlichkeit. Die sprichwörtliche Wendung stammt aus einem Roman von R. L. Stevenson, *The*

Strange Case of Dr. Jekyll and Mr. Hyde (1886), in dem das Doppelleben eines Mannes als geachteter Arzt und übler Verbrecher erzählt wird.

dressed to kill aufgedonnert; nach der neuesten Mode gekleidet (um eine Eroberung zu machen).

to drink like a fish saufen wie ein Loch.

to drop someone a line jemandem (ein paar Zeilen) schreiben.

Dutch courage mit Alkohol eingeflößter Mut.

E

eager beaver übereifriger Mensch. Wörtlich: eifriger Biber.

early to bed and early to rise,
makes a man healthy, wealthy and wise. Eines der bekanntesten englischen Sprichwörter, das manchmal scherzhaft verdreht wird:
early to rise and early to bed,
makes a man healthy, wealthy and dead.

earmarked for vorgesehen, zurückgelegt für; besonders auch bei (zweckgebundenen) Geldmitteln verwendet. Der Ausdruck geht auf die Praxis zurück, Tieren eine Marke am Ohr anzubringen.

to earn one's wings auch: *to win one's spurs*, »sich die Sporen verdienen«. Das Wort *wings* wird hier in der Bedeutung des Abzeichens (»Schwinge«) verwendet, das der Pilot nach Beendigung seiner Ausbildung tragen darf.

easy come, easy go wie gewonnen, so zerronnen.

easy does it! Laß dir Zeit! Sei vorsichtig!

easy on the eye attraktiv (besonders bei Frauen).

eat, drink and be merry, for tomorrow we die erweitertes Bibelzitat; »Laßt uns essen und trinken, wir sterben doch morgen.« (Jesaja 22, 13)

to eat like a horse wie ein Scheunendrescher essen.

to eat one's words etwas mit Bedauern zurücknehmen, »zu Kreuze kriechen«.

Edwardian in der Regierungszeit Edwards VII. (1901–10). Die Mode dieser Epoche wurde in den 50er Jahren von den *Teddy Boys* kopiert.

ego trip eine Erfahrung, die das Selbstbewußtsein stärkt.

Eisteddfod alljährliches Sänger- und Dichterfest in Wales, auf dem walisische (kymrische) Literatur, Musik und Sprache dargeboten werden.

elbow grease harte Arbeit, Plackerei. Wörtlich: Ellbogenschmiere. Der Ausdruck bezieht sich auf die Kraft, die beim Polieren und Schrubben nötig ist.

elementary, my dear Watson! »Ganz einfach, mein lieber Watson!« Dieser Ausspruch stammt aus Arthur Conan Doyles Roman *The Memoirs of Sherlock Holmes* (1893). Holmes mußte seinem erstaunten Assistenten Dr. Watson ständig seine Beobachtungen erklären.

elevenses zweites Frühstück, Kaffeepause (etwa zwischen 10 und 11 Uhr).

the eleventh commandment »das elfte Gebot« – »Thou shalt not be found out«, »Du sollst dich nicht erwischen lassen«.

Elizabethan in der Regierungszeit der Königin Elisabeth I. (1558–1603). Die Epoche gilt als Blütezeit englischer Dichtung und Musik und vor allem des Theaters (Shakespeare). Das Elisabethanische Zeitalter war aber auch eine Zeit der großen Abenteurer und Entdecker (Walter Raleigh, Francis Drake).

the enemy Das englische Wort für »Feind« steht umgangssprachlich auch für »Zeit«, z. B. in Fragen wie *How goes the enemy*? oder *What says the enemy*? (= Wie spät ist es?). Die Wendung *to kill the enemy* kann »die Zeit totschlagen« bedeuten.

England expects that every man this day will do his duty. Lord Nelsons Tagesbefehl vor der Schlacht bei Trafalgar (1805), in der er Napoleons Flotte endgültig besiegte. Dieser Spruch gilt seitdem als Inbegriff des englischen Patriotismus.

an Englishman's home (house) is his castle Die Redewendung entstammt einem Rechtsspruch aus dem 16. Jahrhundert.

an Englishman thinks he is moral when he is only uncomfortable »Ein Engländer denkt schon, er ist moralisch, wenn er sich unwohl fühlt.« Zitat aus George Bernard Shaws *Man and Superman* (1903).

empire-builder avancierter Angesteller in Industrie oder Verwaltung, der durch Erweiterung seines Wirkungsbereiches oder Schaffung einer Hausmacht versucht, seinen Posten weiter aufzuwerten.

Esq. Abkürzung für *Esquire;* statt *Mr.* bei förmlichen Adressen auf Briefumschlägen verwendet; immer nachgestellt, also z. B. *John Smith, Esq.* oder *J. B. Smith, Esq.* Die ursprüngliche Bedeutung des Wortes ist »Knappe«.

the Establishment ursprünglich die anglikanische Kirche; heute (mit sozialkritischem Unterton) auf »die Regierenden« und die Oberschicht bezogen, sowie auf Institutionen wie die Universitäten Oxford und Cambridge, die Bank von England und die Regierungsbeamten.

estate agent Häuser- und Grundstücksmakler.

the eternal triangle Dreiecksverhältnis zwischen einem (verheirateten) Paar und einer dritten Person.

every cloud has a silber lining Der silberne Rand der dunklen Wolke, von dem in diesem Sprichwort die Rede ist, bedeutet Trost und Hoffnung. Also: »Auf Regen folgt Sonnenschein.«

every Jack must have his Jill Jack und Jill sind ein Paar in einem englichen Kinderreim.

every why has a wherefore »Alles hat seinen Grund« (*the whys and wherefores* = das Warum und Weshalb).

everything in the garden is lovely »Alles bestens!«

exam weather herrliches Wetter, das gerade in der Examenszeit herrscht – zum Leidwesen der Examenskandidaten.

Excalibur König Arthurs legendäres Schwert. Nach der Sage wurde er König, weil er das Schwert als einziger aus einem Stein zu ziehen vermochte. Bei seinem Tode wurde es in den See geworfen.

excuse my French! scherzhafte Entschuldigung für drastische Ausdrucksweise.

experience is the name everyone gives to his mistakes »Erfahrung ist der Name, den man seinen Fehlern gibt.« Oscar Wilde, *Lady Windermere's Fan.*

eyeball to eyeball Auge in Auge.

an eyeful im Sinne von »tolle Frau!«, »schickes Weib!« verwendet.

eye-wash Augenwischerei; Geschwätz, Quatsch.

F

Fabian Society sozialistische Gruppierung, die 1884 mit dem Ziel gegründet wurde, Gesellschaftsreform progressiv mit demokratischen Mitteln durchzusetzen. Namengebung nach dem römischen Feldherrn Quintus Fabius Maximus, den man wegen seiner vorsichtigen Taktik gegenüber Hannibal »Cunctator« (= Zauderer) nannte. Die Fabian Society, zu deren Gründern G. B. Shaw gehörte, wurde zur Denkfabrik der Labour Party.

to face the music für Fehlverhalten geradestehen, »die Suppe auslöffeln«. Der Ausdruck kommt möglicherweise aus der Künstler- oder Bühnensprache.

fag Slangwort für Zigarette, im Amerikanischen auch: Homosexueller.

faint heart never won fair lady »Wer nicht wagt, der nicht gewinnt.« Zur Ermutigung für zaghafte Freier. Wörtlich: faint heart heißt »mutloses Herz«, faintheart auch »Feigling«.

Fair is foul, and foul is fair. »Schön ist häßlich, häßlich schön.« Spruch der drei Hexen am Anfang von Shakespeares *Macbeth*. Heute gelegentlich als scherzhafte Wendung zu hören.

Fair Isle ein besonderes Strickmuster, das auf Fair Isle, einer der Shetland-Inseln, entwickelt wurde. Man glaubt, es sei maurischen Ursprungs und mit spanischen Seeleuten der Armada, die 1588 auf der Insel Schiffbruch erlitten, dorthin gelangt.

fall-out (radioaktiver) Niederschlag.

Falstaff Figur aus Shakespeares *Henry IV* und *The Merry Wives of Windsor.* Eigenschaften des fröhlichen dicken

Ritters, der hier mit Schläue und Humor jede Situation bewältigt und sich dort prahlerisch und feige zeigt, bezeichnet man als »Falstaffian«.

fair-weather friends Freunde, die nur zu einem halten, solange es einem gut geht, also nicht die sprichwörtlichen »Freunde in der Not«. Mit dem Attribut *fair-weather* werden auch andere Ausdrücke gebildet, z. B *fair-weather sailor.*

to fall for someone sich in jemanden verlieben. Eigentlich: auf jemanden hereinfallen. *To fall head over heels* (Hals über Kopf) *for someone* stellt das erfreuliche Geschehen noch dramatischer dar.

to fall off (the back of) a lorry wörtlich: vom Lastwagen herunterfallen. Euphemismus für »Diebesgut«, z. B. in: »This malt whisky fell off a lorry somewhere in Glasgow.«

familiarity breeds contempt (allzugroße) Vertrautheit erzeugt Verachtung. Im Englischen bereits im 16. Jahrhundert bekanntes Sprichwort.

family skeleton auch: *skeleton in the cupboard.* Peinliches oder Anstößiges, das man vor anderen verbergen möchte. Wörtlich: Skelett im Schrank.

fan Anhänger bzw. Bewunderer, Abkürzung von *fanatic.*

fancy-free frei und ungebunden.

far from the madding crowd weit weg von der tobenden (treibenden) Masse. Berühmtes Zitat, das den Wunsch nach Einsamkeit ausdrückt. Es stammt aus Thomas Grays Gedicht »Elegy Written in a Country Churchyard« (1751) und ist Titel eines Romans von Thomas Hardy.

Farmer George Spitzname von König Georg III. (1760–1820), der an fortschrittlicher Landwirtschaft interessiert war und unter dem Pseudonym »Ralph Robinson« Aufsätze darüber veröffentlichte.

a feather in one's cap eine Auszeichnung; etwas, worauf man stolz sein kann. Wörtlich: eine Feder an der Mütze.

to feel blue melancholisch, bedrückt sein.

fellow Professor an bestimmten britischen Universitäten; auch Mitglied wissenschaftlicher Gesellschaften, z. B. John Smith, FRGS (= Fellow of the Royal Geographical Society).

to fiddle betrügen, »frisieren« (z. B. *to fiddle accounts*).

the fiery cross das »feurige« Kreuz war ein Holzkreuz mit in Ziegenblut getauchten Enden. Es wurde früher im schottischen Hochland von Ort zu Ort getragen, wenn das Oberhaupt des Clans in Not- oder Kriegszeiten die Familienmitglieder versammeln wollte.

to filibuster Im politischen Sinne bezieht sich dieses Wort auf Verzögerungstaktiken im Parlament. Die Absicht dabei ist, z. B. mit überlangen Reden und Geschäftsordnungstricks eine Abstimmung oder Verabschiedung eines Gesetzes zu verhindern.

fine feathers make fine birds Kleider machen Leute. Ironisch von übertrieben gekleideten *(overdressed)* Leuten gesagt.

first come, first served »Wer zuerst kommt, mahlt zuerst.«

first foot/footer Der erste Besucher nach Mitternacht am Neujahrstag. Er sollte dunkelhaarig sein, was Glück verheißt, und etwas zu trinken mitbringen, um auf das neue Jahr anzustoßen. Der Brauch ist in Schottland und Nordengland noch bekannt.

fiscal year Geschäftsjahr für die Einkommenssteuer; beginnt am 6. April und endet am 5. April des folgenden Jahres.

flapper in den zwanziger Jahren modisch gekleidete junge Frau.

flasher »Flitzer«. Altes Slangwort für Exhibitionisten, später, in den sechziger Jahren, auf Leute bezogen, die, z. B. aufgrund einer Wette, nackt über einen Sportplatz oder ein Feld liefen. Auch: *streaker.*

flat heißt im britischen Englisch »Wohnung«. Im amerikanischen Englisch ist das Wort für Wohnung *apartment*, das im britischen Englisch für einen gut ausgestatteten Einzelraum verwendet wird.

flat-foot Slangwort für Polizist. Anspielung auf die bei englischen Polizisten herrschende Gewohnheit, in ihrem Revier zu Fuß zu gehen. Wörtlich: Plattfuß.

Fleet Street Der Name steht für das Pressewesen in England, weil die großen, überregionalen Zeitungen in dieser Straße angesiedelt sind.

a flutter umgangssprachlich für eine kleine Wette auf der Rennbahn oder in der Spielbank. Wörtlich: flattern.

to fly a kite wörtlich: einen Drachen steigen lassen. Im übertragenen Sinne: einen Versuchsballon loslassen, die öffentliche Meinung testen.

fly-by-night ursprünglich jemand, der sich nach einem nicht ganz korrekten Geschäft oder aus Angst vor Gläubigern bei Nacht und Nebel davonmacht. Heute auch: zweifelhafter Charakter.

fools rush in where angels fear to tread wörtlich: Die Narren stürmen herein, wo die Engel nicht aufzutreten wagen. – Das aus Popes »Essay on Criticism« (1711) stammende Sprichwort bedeutet, daß Leute mit wenig Erfahrung sich an Dinge heranwagen, denen Erfahrene lieber aus dem Wege gehen.

foolscap altes Papierformat (ca. 43 × 34 cm, entsprechend dem deutschen »Kanzleiformat«), das als Wasserzeichen einen Kopf mit einer Narrenkappe hatte. Es ist heute weitgehend durch die Norm A4 (297×210 mm; Briefbogenformat) ersetzt.

for better for worse »in guten und in schlechten Tagen«, »in Freud und Leid«. Englische Trauformel.

for crying out loud! zum Verrücktwerden! Ausruf des Erstaunens oder der Verärgerung.

fore! Warnruf beim Golf, vor dem Schlagen des Balles.

FORTRAN Kurzform von »Formula + Translation«. Programmiersprache, vorwiegend zur Lösung wissenschaftlich-technischer Probleme.

The Forty-Five historische Bezeichnung der Rebellion von *1745*, in der Charles Stuart, *the Young Pretender*, die Schotten anführte. Nach anfänglichen Erfolgen wurde er in der Schlacht von *Culloden* besiegt.

forty winks Nickerchen (*wink* = Blinzeln, Zwinkern).

Fosse Way eine der wichtigsten Römerstraßen in England. Sie verläuft von Axmouth über Bath und Leicester nach Lincoln. Der Name rührt von dem Graben neben der Straße (lat. fossa) her.

four-letter words Sammelbezeichnung für kurze Wörter, die sich auf Sex und Körperfunktionen beziehen. Sie werden heute fast alle in Kraftausdrücken verwendet und dementsprechend als grob und beleidigend empfunden. Beispiele: *cunt, arse.*

from rags to riches aus ärmlichen Verhältnissen zum Reichtum. Journalistische Wendung, z. B. in: *an overnight rags-to-riches story.* Wörtlich: von Lumpen zu Reichtümern.

frailty, thy name is woman! »Schwachheit, dein Name ist Weib.« Aus Shakespeares *Hamlet* (I, 2).

Frankenstein allgemein eine Erfindung oder Schöpfung, die sich in bedrohlicher Weise gegen den Schöpfer oder dessen Umwelt wendet. Titel eines Schauerromans von Mary Shelley (1818), in dem das Monstrum seinen Schöpfer tötet.

freelance freischaffend (z. B. von Journalisten, Fotographen). Das Wort rührt von sich frei verdingenden Söldnertruppen im Mittelalter her.

French letter Slangwort für Kondom.

a friend in need is a friend indeed »Freunde in der Not gehen tausend auf ein Lot.« In der Not erkennt man seine wahren Freunde.

fringe benefits freiwillige (übertarifliche) Sozialleistungen der Betriebe, z. B. Zuschüsse zu Versicherungen und Pensionskasse, Fahrtkosten, zusätzliche bezahlte Ferientage.

Frog (Froggie) Spitzname für Franzosen, u. a. wegen der Beliebtheit von Froschschenkeln in der französischen Küche.

Front Bench im britischen Unterhaus die führenden Parlamentarier der Regierung und Opposition, die auf den vorderen Bänken rechts und links vom *Speaker* (= Parlamentspräsident) sitzen.

G

GPO Abkürzung für *General Post Office*, britische Post.

gaffer Slangwort für »Vorarbeiter«, »Chef«; *boss*. Abgeleitet von *grandfather*. Das Wort wird häufig auch weniger spezifisch verwendet: . . . *an old gaffer*.

The game is not worth the candle. »Es lohnt die Mühe nicht.« Wörtlich: Das Spiel ist die Kerze nicht wert. Gemeint ist die Kerze, die man früher zur Beleuchtung bei Spielen verwendete.

gamp Regenschirm (sonst: *umbrella*). Mrs. Sarah Gamp ist eine Nebenfigur in Charles Dickens' Roman *Martin Chuzzlewit*, die einen großen Regenschirm besitzt.

the Garden of England So nennt man die Grafschaften Kent (mit Obstplantagen und Hopfenfeldern) und auch Worcestershire (fruchtbares Ackerland).

gate-crasher ein ungeladener Gast, der sich in eine Gesellschaft hineinmogelt. Wörtlich: jemand, der durch die Tür hindurchbricht.

Gather ye rosebuds while ye may. Deutsche Entsprechung: »Pflücke die Rose, solange sie blüht.« Erste Verszeile eines Gedichtes von Robert Herrick, »To the Virgins, to make Much of Time« (1648).

gay Das Wort wird in seiner älteren Bedeutung, »fröhlich«, oft nur noch zögernd verwendet, da es heute ein Synonym für »homosexuell« ist. In diesem Sinn wird es nicht als verunglimpfend empfunden und von Homosexuellen selbst benutzt.

a gay Lothario ein Mann, der wegen zahlreicher Liebesaffairen bekannt ist. Nach einer Figur in einem Theaterstück von Nicholas Rowe, *The Fair Penitent* (1703).

to gazump unsolide Preistreiberei beim Verkauf von Immobilien.

a gentleman's gentleman ein Kammerdiener, Hausdiener. Der Ausdruck stammt aus der viktorianischen Zeit.

Geordie Spitzname für die Bewohner von Newcastle und Umgebung. Ursprünglich nannte man so die Bergleute dieser Gegend.

Georgian Das Wort bezieht sich auf die Regierungszeit der Könige Georg I., II., III. und IV. und auf den besonderen Stil, der sich in der Architektur und bei Möbeln des 18. Jahrhunderts ausprägte.

gerrymander Verlegung der Grenzen zwischen Wahlkreisen mit der Absicht, einer Partei dadurch einen Wahlvorteil zu verschaffen. Elbridge Gerry (1744–1814), Gouverneur des Staates Massachusetts, verhalf so 1812 seiner Partei zu einem Wahlsieg. Die neuen Umrisse des Wahlkreises waren so merkwürdig, daß sie ein Karikaturist als Salamander zeichnete und das Wort »Gerry-mander« hinzufügte.

get lost! Verschwinde!

to get the bird ausgezischt, ausgepfiffen werden. Umgekehrt: *to give someone the bird* = jemand auszischen, auspfeifen, »abfahren« lassen.

get thee to a nunnery Heute würde man so jemanden in ein Nonnenkloster schicken, aber zur Zeit Shakespeares war *nunnery* ein Slangwort für »Bordell«. Die obige Aufforderung Hamlets (III, 1), mit der er Ophelias Annäherung zurückweist, ist also sehr viel brutaler, als es dem heutigen Zuschauer im allgemeinen bewußt ist.

ghost writer anonymer Autor, der Bücher, besonders autobiographischer Art, für bekannte Persönlichkeiten und unter deren Namen schreibt.

Giles Name, den man scherzhaft auf »den« Bauern allgemein bezieht *(Farmer Giles)*. Nach einem Gedicht, *The Farmer Boy* (1800), in dem die entsprechende Person diesen Namen hatte.

gillie Gehilfe eines Sportfischers oder Jägers im schottischen Hochland. Das gälische Wort *gille* heißt Bursche, Diener.

gilt-edged mündelsicher; auch: anlagesicher. Die Bezeichnung rührt von dem goldfarbenen Rand her, den entsprechende Wertpapiere haben.

gimmick wirksamer Reklametrick (»Gag«) bei Werbekampagnen, im Showgeschäft oder bei Wahlkämpfen. Das Wort kann (wie *gadget*) auch für (raffinierte) Vorrichtungen oder Geräte benutzt werden.

gin-sling Cocktail aus Gin und Zitronensaft.

Girl Guides Pfadfinderinnen (-bewegung), gegründet 1910; Gegenstück: *Boy Scouts*. In Amerika *Girl Scouts*.

to give someone the evil eye jemanden mißbilligend oder feindselig anblicken. *Evil eye* ist der böse Blick mit der magischen Kraft, den anderen zu verhexen.

to give someone the works jemanden einer rigorosen Behandlung – im verbalen oder physischen Sinn – unterziehen.

glad-rags »Sonntagsstaat«, elegante Kleidung, Abendkleid bzw. Abendanzug. *Rag* heißt eigentlich »Lumpen«, »Fetzen«.

Gnomes of Zürich wenig schmeichelhafte Bezeichnung für die Zürcher Bankiers mit ihrem Einfluß auf internationale Geldgeschäfte. Der Ausdruck wurde nach 1964 bekannt, nachdem ihn der britische Wirtschaftsminister George Brown während der Pfundkrise wiederholt verwendet hatte.

to go Dutch with someone/Dutch treat im Restaurant, beim gemeinsamen Kinobesuch usw. getrennt bezahlen.

to go into the wilderness in die Wüste geschickt werden, aus einem Regierungsamt ausscheiden (z. B. bei Regierungswechsel).

to go on the wagon zum Antialkoholiker werden. Anspielung auf den Wagen, der bei heißem Wetter Wasser auf die Straße spritzt.

to go steady with someone »mit jemandem gehen«, eine feste Freundin/einen festen Freund haben; *steady* = (be-)ständig.

to go the way of all flesh »den Weg allen Fleisches gehen«.

to go to the flicks ins Kino gehen. *Flick* kommt von *flicker* (= flackern, flimmern).

go to blazes! Verschwinde! *Blazes* (= Flammen) ist ein alter bildhafter Ausdruck für die Hölle.

the gods »Olymp«. Im Theater die Plätze oben auf der Galerie, die am weitesten von der Bühne entfernt und daher die billigsten sind. Auch: das Publikum auf diesen Plätzen.

go-getter ehrgeiziger Tatmensch, Draufgänger.

Granite City Beiname für Aberdeen (Schottland), das hauptsächlich aus dem Granit der nahegelegenen Steinbrüche gebaut ist.

the grapevine Das Wort bedeutet soviel wie »Gerüchteküche«, »Flüsterparolen«. In Wendungen wie *I heard it on the grapevine, the grapevine has it that . . .* (*grapevine* = Weinstock).

the grass roots Die Leute an der Basis einer Bewegung, Organisation oder Partei, die keine höheren Positionen innehaben, deren Meinungen man aber achtet oder achten sollte. Als Adjektiv: »bodenständig«, »von unten«,

»Basis- . . .«, »Graswurzel- . . .«, z. B. in *grass-roots democracy.*

grease-paint im Theater: Schminke. Wörtlich: Schmierfettfarbe.

The Great Commoner William Pitt the Elder (1708–88), Earl of Chatham. Berühmter Staatsmann und Premierminister.

Great Fire of London Die Feuersbrunst im Jahre 1666 wütete fünf Tage und zerstörte über 13000 Häuser, u. a. auch die alte St. Paul's-Kathedrale.

Great minds think alike! So sagt man scherzhaft, wenn man Übereinstimmung mit den Ansichten eines anderen ausdrücken will. Wörtlich: Große Geister haben dieselben Gedanken.

the Great War der Erste Weltkrieg.

green belt Grüngürtel, Landschaftsschutzgebiet um eine Stadt.

green fingers »Grüne Finger« hat jemand, der gut mit Pflanzen umgehen kann.

the green-eyed monster die Eifersucht. Die entsprechende Passage in Shakespeares *Othello* (III, 3) heißt:
»O, beware, my lord, of jealousy;
It is the green-eyed monster which does mock
The meat it feeds on.«

Gretna Green Bis 1856 konnten heiratswillige Paare aus England sich in dem bereits in Schottland gelegenen Gretna Green, wo ein anderes Ehegesetz galt, ohne Heiratserlaubnis, Aufgebot und Geistlichen trauen lassen. Sie brauchten nur eine Erklärung vor Zeugen abzugeben; die Trauung übernahm ein Gastwirt oder der Dorfschmied. Auch nachdem das erschwert und 1940 verboten wurde, war Gretna Green für junge Paare weiter attraktiv, weil sie (ab 16 Jahre) hier ohne elterliche Einwilligung heiraten konnten. Bei deutschen Pärchen, die von diesem Angebot Gebrauch machten, konnte die Ehe auf Klage der Eltern wieder gelöst werden.

grey matter die grauen Zellen. Humorvoller Ausdruck für »Gehirn«, »Verstand«.

H

Had I but served God as diligently as I have served the King, he would not have given me over in my grey hairs. »Hätte ich Gott so fleißig gedient wie dem König, er hätte mich in meinem Alter nicht verlassen.« Kardinal Wolsey (1475–1530), Berater Heinrichs VIII., soll das gesagt haben, als er auf Befehl des Königs hingerichtet wurde.

a hair of the dog that bit you Mit dieser Redensart wird behauptet, daß etwas von dem, was das Übel verursacht hat, auch Heilung bringen kann. Danach ist z. B. das beste Mittel gegen einen (Alkohol-)Kater ein weiteres Glas am nächsten Morgen. Im wörtlichen Sinne spielt der Ausdruck auf den alten Aberglauben an, daß ein wirksames Mittel gegen Hundebiß ein angesengtes Haar des Hundes ist.

Halloween 31. Oktober; im alten keltischen Kalender der letzte Tag des Jahres. In der folgenden Nacht gehen Hexen und Zauberer um; heute verkleiden sich dementsprechend Kinder bei Kinderfesten und Umzügen. Herkunft des Wortes: *All Hallows* (= *All Saints') even*, vergleiche »heiliger Abend«.

halcyon days Wörtlich: Eisvogeltage, halkyonische Tage. Zeiten des Friedens, Glück oder Wohlstands. Dem Eisvogel (heute auch: *kingfisher*) wurde in der Antike nachgesagt, er brüte auf schwimmenden Nestern, und das Meer sei in dieser Zeit ruhig und glatt.

ham im Theaterjargon ein wenig gewandter Schauspieler, der seine Rolle pathetisch und übertrieben vorträgt. Von daher auch der Ausdruck *to ham it up* = wie ein *ham actor* auftreten. Wörtlich heißt *ham* »Schinken«.

Hansard offizielle Protokolle der Parlamentsdebatten. Nach Luke Hansard, der sie im 18. Jahrhundert zum ersten Mal druckte.

hard cash Bargeld, im Gegensatz zu Schecks und Zahlungszusagen.

hard cheese! schöne Pleite! Ausdruck des Mitgefühls, wenn jemand Pech gehabt hat.

hard-fisted geizig, knauserig. Wörtlich: mit harter Faust. Gleichbedeutende Wörter: *tight-fisted, close-fisted.*

hare and hounds Geländespiel; entspricht der »Schnitzeljagd«. Der »Hase« läuft voraus und markiert seine Spur durch Papierschnitzel, woraufhin ihn die »Hunde« verfolgen.

to have a crush on someone für jemanden schwärmen. Schülerslang, auch allgemein gebräuchlich.

to have a date verabredet sein – insbesondere mit Bekannten/Freunden des anderen Geschlechts.

to have a sweet tooth gern Süßigkeiten essen.

to have a yen for something ein starkes Begehren nach etwas empfinden. Das chinesische Wort *yen* bedeutet »Opiumrauch«.

to have ants in the pants in Unruhe und Sorge sein. Wörtlich: Ameisen in den Hosen haben. Die Redensart *he has ants in his pants* kann auch einfach bedeuten: »Er kann keine Sekunde stillsitzen.«

to have one's ear to the ground die Ohren offenhalten.

hat-trick Sportsprache: dreifacher Erfolg (z. B. drei Tore) durch denselben Spieler.

hatch, match and dispatch wörtlich: ausbrüten, paaren und (ins Jenseits) befördern. Der scherzhafte Reim bezieht sich auf drei Lebenssituationen, die für die meisten Menschen mit kirchlichen Zeremonien verbunden sind:

Taufe, Hochzeit, Begräbnis. In den Plural gesetzt, können sich die Wörter auch auf Zeitungsanzeigen zu obigen Gelegenheiten beziehen.

He was a man, take him for all in all,
I shall not look upon his life again.
»Er war ein Mann, nehmt alles nur in allem,
Ich werde nimmer seinesgleichen sehen.«
Hamlets anerkennende Worte für seinen ermordeten Vater. Shakespeare, *Hamlet* (I, 2).

He who can, does. He who cannot, teaches. Wörtlich: Was man kann, macht man. Was man nicht kann, lehrt man. George Bernhard Shaw, *Man and Superman* (1903).

he who pays the piper calls the tune deutsche Entsprechung: »Wes Brot ich ess', des Lied ich sing'.« Das Sprichwort bezieht sich auf die wandernden Musikanten, die bei Dorffesten aufspielten: Wer für die Musik bezahlte, bestimmte auch, was gespielt wurde. In übertragener Bedeutung: Wer das Geld gibt, entscheidet auch darüber, wie es verwendet wird.

Heath Robinson Der Name steht für geniale Erfindungen, Phantasiekonstruktionen. W. Heath Robinson (1872–1944) entwarf regelmäßig Zeichnungen solch absurder Maschinen für die Zeitschrift *Punch*.

hear, hear! In Unterhausdebatten drückt dieser Zwischenruf Zustimmung mit dem Sprecher aus.

a head-banger Slangwort: Idiot, Verrückter. Wörtlich: jemand, der (vor Wut oder Frustration) mit dem Kopf gegen die Wand rennt.

heir-apparent (to the throne) direkter Nachfolger des Monarchen auf dem Thron. Der *heir-presumptive* ist ein mutmaßlicher Thronerbe, der aber durch die Geburt eines näheren Verwandten (oder auch durch die Geburt eines

Sohnes, falls es sich um eine Erbin handelt) noch von seinem Platz verdrängt werden kann. Der gegenwärtige *heir-apparent* in England ist Prince Charles.

Hell hath no fury like a woman scorned. »Die Hölle kennt nicht so viel Wut wie ein verschmähtes Weib.« Aus William Congreves Tragödie *The Mourning Bride* (1697).

to help a lame dog over a stile jemandem helfen, der in Not ist. Wörtlich: einem lahmen Hund über den Zauntritt helfen.

»Do the work that's nearest,
Though it's dull at whiles,
Helping, when we meet them,
Lame dogs over stiles.«
(Charles Kingsley)

henpecked husband Pantoffelheld. Die Redensart bezieht sich darauf, daß Hühner am Hahn herumzupfen.

Her Majesty's Loyal Opposition offizielle Bezeichnung der Opposition im Parlament.

to hit the hay wörtlich: sich auf das Heu schmeißen, »sich (zum Schlafen) hinhauen«. Auch: *to hit the sack*.

highbrow umgangssprachlich für »Intellektueller«, »intellektuell«. Das Gegenteil ist *lowbrow*, und es hat sich sogar ein Wort *middlebrow* etabliert. Die Wörter haben alle einen leicht negativen oder zumindest kritischen Unterton.

hobbit freundliches und gastliches Höhlenvolk in J. R. Tolkiens Prosaepen *The Hobbit* (1937) und *Lord of the Rings* (1954/55).

Hobson's choice hat die Bedeutung »keine Wahl haben«. Der Ausdruck bezieht sich auf einen Mietstallbesitzer aus dem 17. Jahrhundert, der seine Kunden zwang, immer das Pferd zu nehmen, das der Stalltür am nächsten war.

Hogmanay schottisches Wort für »Neujahr«. Am 31. Dezember wird in Schottland besonders kräftig und mit alten Bräuchen gefeiert.

hold your horses! Geduld!

Home Counties die englischen Grafschaften in der unmittelbaren Umgebung Londons: z. B. Essex, Kent, Surrey.

Home Rule von nationalistischen Bewegungen angestrebte Unabhängigkeit für Irland, Schottland und Wales. Die Länder wollen politische Selbstverwaltung, andererseits aber weiter der britischen Krone zugehören.

home, sweet home Die meist scherzhaft oder sentimental gebrauchte Wendung entstammt einem bekannten Lied aus einer Oper des frühen 19. Jahrhunderts, *Clari, the Maid of Milan.*

the Honourable Member Mit dieser in der parlamentarischen Tradition verankerten Formel reden sich die Abgeordneten im britischen Unterhaus während der Debatten an.

hooligan kaum anders zu »übersetzen« als mit »Rowdy«. Die Bezeichnung soll vom Namen einer gewalttätigen irischen Familie in London abgeleitet sein, deren Mitglieder beständig Scherereien mit Polizei und Gerichten hatten. Heute besonders in der Verbindung *football hooliganism.*

hope springs eternal in the human breast wörtlich: Hoffnung quillt auf ewig aus der menschlichen Brust. Das Sprichwort stammt aus Alexander Popes *Essay on Man* (1733).

A horse! a horse! my kingdom for a horse! »Ein Pferd! Ein Pferd! Mein Königreich für ein Pferd!« ruft der besiegte König auf dem Schlachtfeld in Shakespeares *Richard III* (V, 4). Das Pferd wird heute scherzhaft durch andere Wörter ersetzt, z. B. *»My kingdom for a beer!«*

horse sense gesunder Menschenverstand. Wörtlich: Pferdeverstand. Im Gegensatz zu *common sense* eher umgangssprachlich, in derberen Wendungen.

horse-trading zähes Verhandeln; im Deutschen auch: »Kuhhandel«.

hot cross bun süßes Brötchen mit eingeritztem Kreuz, nach alter Tradition in England am Karfreitag gebacken.

hot air Schaumschlägerei, leere Versprechungen.

hot rod altes Auto mit »frisiertem« Motor; Fahrer dieses Autos.

the House of Commons Unterhaus des britischen Parlaments. Die 650 Abgeordneten, »Members of Parliament«, werden direkt für maximal fünf Jahre gewählt.

the House of Lords Oberhaus des britischen Parlaments. Die Kammer hat ihre legislativen Kompetenzen heute weitgehend an das Unterhaus abgegeben. Die etwa 1100 Mitglieder (nur ein Teil wohnt den Sitzungen bei) sind *Lords Spiritual* (Geistlichkeit) und *Lords Temporal* (Adel, höhere Richter).

House of Windsor Familientitel des englischen Königshauses, der 1917 mit Rücksicht auf die anti-deutsche Einstellung im Lande den von Prince Albert, Königin Viktorias Gatten, herrührenden Namen *Saxe-Coburg-Gotha* ersetzte. 1960 wurde der Name in *Mountbatten-Windsor* umgewandelt. Der Titel eines *Duke of Windsor* wurde 1936 Edward VIII. nach seinem Verzicht auf die Krone verliehen.

Household Troops Einheiten der britischen Armee (*Household Cavalry* und *Brigage of Guards*), die zum Dienst bei der Königin abgestellt sind. Am Buckingham Palace zu sehen.

hubby umgangssprachlich-liebevoll für *husband* (= Ehemann).

human interest story journalistischer Ausdruck für einen Zeitungsbericht, der in breiten Leserkreisen Interesse und Mitgefühl erweckt.

Humpty-Dumpty Name eines kleinen eiförmigen Kerls in einem Kinderreim:
»Humpty-Dumpty sat on a wall,
Humpty-Dumpty had a great fall,
All the King's horses and all the King's men,
Could not put Humpty together again.«
Der Name wird manchmal auf eine kleine runde Person, manchmal auf etwas Zerbrechliches übertragen, das man nicht reparieren kann.

hunger march Hungermärsche, mit denen Arbeitslose auf ihre Not aufmerksam machen wollen, gibt es in England seit den dreißiger Jahren. Die Marschierer sammeln sich meistens in den Gebieten Schottlands und Nordenglands, die in Notzeiten am ehesten betroffen sind, und marschieren nach London, wobei sie auf dem Weg von Gaben und Geldspenden leben. Der bekannteste Hungermarsch war der Jarrow March von 1933.

I

IOU gesprochen: I owe you (= Ich schulde Ihnen). Die drei Buchstaben zusammen mit einer Unterschrift sind die Zeichen formaler Schuldanerkennung.

IRA Irish Republican Army; der militante Flügel der irischen Bewegung, deren Ziel die Wiedervereinigung Nordirlands mit der Republik Irland ist.

I can resist everything except temptation. »Ich kann allem widerstehen, außer der Versuchung.« Oscar Wilde, *Lady Windermere's Fan* (1891).

I care not who writes the nation's laws so long as I can write its ballads. »Es ist mir egal, wer in diesem Lande die Gesetze macht, solange ich seine Lieder machen kann.« Der Satz stammt von dem schottischen Politiker Andrew Fletcher (1704). Er war überzeugt, daß man Liedern eher zuhörte als Politikerreden.

I have nothing to declare except my genius. »Außer meinem Genie habe ich nichts anzumelden.« Der Ausspruch, den Oscar Wilde beim amerikanischen Zoll getan haben soll, enthält ein Wortspiel mit *»declare«*, das die Bedeutung »erklären« und »verzollen« haben kann.

I know I have the body of a weak and feeble woman, but I have the heart and stomach of a king, and of a king of England too. »Ich weiß, ich habe den Körper eines schwachen Weibes, aber ich habe das Herz (und den Magen) eines Königs, und dazu eines englischen Königs.« (Das schwer übersetzbare *stomach* hat hier nicht nur die Bedeutung »Magen«, sondern auch »Mut«, »Stolz«.) Königin Elisabeth I. (1533–1603), in einer Rede vor Truppen beim Herannahen der spanischen Armada.

I'm all right, Jack Mir geht's gut, Jack. Sarkastische Bemerkung, die Egoismus und Rücksichtslosigkeit gegenüber anderen ausdrückt.

I must put on my thinking cap. Ich muß meine Denkmütze aufsetzen. / Ich muß gut überlegen, bevor ich eine endgültige Antwort gebe. In Anlehnung an die Kopfbedeckung, die der Richter vor dem Urteilsspruch aufsetzt.

I solemnly swear to tell the truth, the whole truth and nothing but the truth. So help me God. (Englische Eidesformel.) Ich schwöre feierlich, die Wahrheit zu sagen, die ganze Wahrheit und nichts als die Wahrheit. So wahr mir Gott helfe.

I spy strangers! Ich erspähe Fremde! Formulierung, mit der Abgeordnete dem Parlamentspräsidenten mitteilen, daß unbefugte Personen anwesend sind.

I wouldn't say no. Typisches *understatement* mit der Bedeutung »ja, bitte«.

Ich Dien Motto des britischen Thronfolgers, des Prince of Wales, seit der Zeit von Prince Eduard (1330–1376), der den Spruch von dem böhmischen König Johann übernommen haben soll. Nach einer walisischen Überlieferung versprach Eduard, den Walisern einen Prinzen zu präsentieren, der »kein Wort Englisch sprechen« konnte. Als dann sein zweiter Sohn, der spätere Eduard II., in Caernarvon geboren wurde, sagte er auf walisisch: *»Eich dyn«* (= Euer Mann).

the icing on the cake wörtlich: der Zuckerguß auf dem Kuchen. Gemeint ist eine angenehme Zutat oder Zugabe, die nicht unbedingt notwendig ist.

If at first you don't succeed, try, try, try again. Wenn du nicht gleich Erfolg hast, versuche es immer wieder. Bekanntes Sprichwort, das Ausdauer empfiehlt.

ignorance is bliss Unwissenheit ist ein großes Glück. Das bekannte Sprichwort beruht allerdings auf einem falschen Zitat. Die richtige Version, in Thomas Grays Gedicht »On a Distant Prospect of Eton College« (1747), lautet:

»Where ignorance is bliss,
'Tis folly to be wise.«
»Wo Unwissenheit Glück bedeutet,
ist es Dummheit, klug zu sein.«

in Abraham's bosom entsprechend im Deutschen: »in Abrahams Schoß«. Euphemismus für die Ruhe des Todes. In England auch aus Shakespeares *Richard III* bekannt:

»The sons of Edward sleep in Abraham's bosom« (IV, 3).

in an interesting condition in interessanten Umständen. Euphemismus für »Schwangerschaft«, seit dem 18. Jahrhundert geläufig.

In the country of the blind the one-eyed man is king. Unter den Blinden ist der Einäugige König.

in the family way schwanger.

in the know eingeweiht, im Bilde. *To be in the know* = Bescheid wissen.

in one's birthday suit nackt. wörtlich: im Geburtstagsanzug.

Inland Revenue eigentlich *Board of Inland Revenue* = Britische Steuerbehörde.

the ins and outs of a question die Details, die Einzelheiten einer Frage.

Indian file deutsche Entsprechung: »Gänsemarsch«. So wie die Indianer, einer hinter dem anderen.

Indian Mutiny So wird in englischen Geschichtsbüchern der Aufstand gegen die britische Herrschaft (1857–59) bezeichnet, der in der indischen Armee begann und sich dann auf die Zivilbevölkerung ausdehnte, bevor er von den Briten mit großer Härte unterdrückt wurde. Von indischen Historikern wird die Revolte als Unabhängigkeitskampf betrachtet.

Indian summer Altweibersommer. Das Wort ist amerikanischen Ursprungs.

infra dig unter aller Würde. Scherzhafte Abkürzung von lat. *infra dignitatem*, bezogen auf etwas Unpassendes oder etwas von zweifelhafter Qualität.

it is useless to flog a dead horse Wörtlich: Es ist sinnlos, ein totes Pferd zu peitschen; d. h. es lohnt sich nicht, Zeit und Energie für überholte Dinge aufzuwenden.

it's an ill wind that blows nobody any good wörtlich: Es ist ein übler Wind, der keinem guttut (etwas »Gutes« bläst). Das Sprichtwort geht auf die Segelschiffahrt zurück. Ein günstiger Wind für die eine Richtung war ungünstig für die andere, aber es gab keinen Wind, der nicht für irgendein Schiff günstig war. In übertragener Bedeutung etwa: »Des einen Freud, des anderen Leid.«

it's a piece of cake Das erfordert keine große Mühe. Das ist leicht. Wörtlich: wie ein Stück Kuchen essen.

it never rains but it pours »Ein Unglück kommt selten allein.« Die wörtliche Übersetzung dieses Sprichworts aus dem 18. Jahrhundert ist: Wenn es regnet, dann gießt es auch gleich in Strömen.

it takes a thief to catch a thief Der Sinn dieses Sprichworts ist: Nur ein Experte kann mit Experten fertig werden. Daß es nicht, wie in Wörterbüchern zu lesen ist, dem deutschen »den Bock zum Gärtner machen« entspricht, zeigt das vollständige Zitat, aus dem es entsprungen ist: »Always set a thief to catch a thief; the greatest deerstalkers make the best park-keepers.« (Thomas Fuller, *Church History of Britain*, 1655.)

it takes all sorts to make a world oft verkürzt zu: *it takes all sorts*. In dem Sprichwort, das zur Toleranz auffordert, wird ausgedrückt, daß man in einer Welt, in der die Menschen so verschieden sind, jedem sein Recht auf Dasein einräumen muß.

J

Jack Frost Personifikation des Frostes, dargestellt als dürre Gestalt, mit erstarrtem Lächeln und Eiszapfen im Gesicht und an den Fingern.

Jack of all trades Allerweltskerl, Hans Dampf in allen Gassen. Ursprünglich ein Ausdruck mit negativem Unterton, wie die erweiterte Wendung zeigt: *Jack of all trades and master of none.* »Jack« war im 19. Jahrhundert der Name für den Arbeiter allgemein.

Jack Tar Slangausdruck für »Seemann«. Anspielung auf die Verwendung von Teer, um Segeltuch und Kleidung wasserfest zu machen.

Jack the Ripper unbekannter Mörder, der 1888 mindestens sieben Frauen in London umbrachte, indem er ihnen die Kehle durchschnitt (*to rip* = aufschlitzen).

jacket-potatoes in der Schale gekochte Kartoffeln, Pellkartoffeln.

Jacobites Anhänger Jakobs II. (James II) oder seiner Nachkommen. Nachdem die Stuarts 1688 unter Jakob II. die Herrschaft verloren hatten, versuchten sie immer wieder, ihren Anspruch auf den Thron durchzusetzen, bis sie 1746 in der Schlacht von Culloden vernichtend geschlagen wurden. Insbesondere durch die Romane Sir Walter Scotts gelangten die Jakobiten zu literarischem Ruhm.

jalopy alte Kiste. Liebevoll-scherzhaftes Wort für ein altes Auto oder Flugzeug. Verwandt mit dt. »Schaluppe«.

jam session Jazzimprovisation. In der Jazz-Szene heißt *to jam* »improvisieren«.

Jam tomorrow and jam yesterday but never jam today. »Marmelade morgen und gestern, aber nie heute.« Zitat aus

Lewis Carrolls *Through the Looking Glass* (1872), wo die Königin Alice für ihre Dienste alle zwei Tage Marmelade verspricht, d. h. Alice bekommt nie Marmelade. In der Wendung kommt zum Ausdruck, daß das Heute nie der Tag ist, den man mehr als andere Tage genießen kann.

a jaundiced eye voreingenommene, skeptische Haltung (*jaundice* = Gelbsucht). Da sich bei Gelbsucht der Augapfel gelblich färbt, nahm man früher an, daß nun durch die Augen alles gelb und negativ erschien.
»All seems infected to the infected spy.
As all looks yellow to the jaundiced eye.«
(Pope, *Essay on Criticism*).

jaywalker Fußgänger, der ohne Rücksicht auf Verkehr und Verkehrsregelung über die Straße geht (*jay*: »Eichelhäher«, aber auch »Trottel«).

Jerry seit dem Ersten Weltkrieg Spitzname für die Deutschen (German).

the jet set mondäne (junge) Leute, die sich kostspielige Vergnügungen leisten können.

jingoism Der Ausruf *By Jingo!* (= bei Gott!) erscheint in einem bekannten Song, der die anti-russische Stimmung während des russisch-türkischen Krieges (1877–1878) ausdrückt, als Disraeli die britische Flotte nach Konstantinopel schickte.
»We don't want to fight, but by Jingo if we do,
We've got the ships, we've got the men, and got the money too.
We've fought the Bear before, and while we're Britons true,
The Russians shall not have Constantinople.«
Seit der Zeit nennt man eine säbelrasselnde Politik *jingoism.*

jobber Wertpapierhänder, Börsenhändler. Vermittler zwischen Käufer und Verkäufer (= Börsenmakler, engl. *stockbroker*) an der Börse. Nur ein lizensierter *jobber* konnte an der Börse kaufen und verkaufen. Die Beziehung zwischen jobber und stockbroker war etwa so wie die zwischen Groß- und Einzelhändler. Seit dem *Big Bang* (Börsenkrach) am 27. Oktober 1986 und seit der Einführung von Terminals gibt es keine *jobbers* mehr an der englischen Börse.

jobs for the boys Posten/Stellen, deren Vergabe durch gute Beziehungen und Vetternwirtschaft geregelt wird.

Jock Spitzname für einen Schotten. *Jock* ist die alte schottische Form von *»John«*.

Jockey Club ein exklusives Gremium, das in England die Oberaufsicht über Pferderennen hat. Der Club besteht seit 1750 und hat seine Zentrale in Newmarket.

Joe Bloggs Name für den unbekannten »Mann auf der Straße«. Im amerikanischen Englisch nur *Joe*.

John Bull Symbolfigur der Engländer (wie »Uncle Sam« in den USA). Beleibter jovialer Gutsbesitzertyp mit Hut, Stiefeln, der englischen Flagge auf seiner Weste und einer Bulldogge an der Seite. Er ist nach John Arbuthnots Satire *The History of John Bull* benannt.

John Collins Cocktail aus Gin, Zitrone, Mineralwasser, Zucker, Eiswürfeln und auf Wunsch Curaçao. Wahrscheinlich nach dem Barkeeper benannt, der ihn kreiert hat.

John o' Groats Dorf im Nordwesten Schottlands, das als nördlichster Punkt des britischen Festlands gilt. Zusammen mit dem südlichsten Punkt, *Land's End* im Südwesten Englands, erscheint es in dem Ausdruck *»from Land's End to John o' Groats«*, was soviel bedeutet wie »von einem Ende Großbritanniens zum anderen«.

joint Slangwort für Marihuana-Zigarette, aber auch »Laden«, »Schuppen«, »Spelunke«.

a jolly good fellow Gesang, mit dem man einen guten Freund ehrt, nachdem man auf ihn angestoßen hat:
»For he's a jolly good fellow (dreimal),
And so say all of us.«
Jolly bedeutet hier »sehr«, »außergewöhnlich«.

Jolly Roger schwarze Piratenflagge mit Totenschädel und gekreuzten Knochen.

joy-ride eine Spritztour, allerdings in der Regel mit einem gestohlenen Auto.

J. P. Abkürzung für *Justice of the Peace*, ein Laienrichter, der sich an einem örtlichen Gericht mit leichteren Fällen befaßt.

Jumbo Kinder denken dabei an einen Elefanten. Im 19. Jahrhundert gab es in einem Londoner Zoo ein besonders prächtiges Exemplar mit diesem Namen. Als Adjektiv findet das Wort heute in der Reklamesprache Verwendung, wo es »riesig« bedeutet: »a jumbo packet of soap powder«.

to jump bail wörtlich: die Kaution überspringen, d. h. die Kaution, die bezahlt wurde, damit man auf freiem Fuß leben kann, verfallen lassen und sich vor dem Gerichtstermin davonmachen.

to jump the gun *Gun* ist hier die Startpistole; also: »vor dem Startschuß loslaufen«. Im übertragenen Sinne bedeutet dieser Frühstart vorzeitiges, übereiltes Handeln.

junk ursprünglich in der Seemannssprache »altes Tauwerk«, dann auch »Trödel«, »Ramsch«, »Abfall«. Heute bedeutet das Slangwort »Rauschgift«, daher auch *junkie* (= Süchtiger). *Junk food* sind minderwertige, industriell verarbeitete Lebensmittel.

just a thimbleful wörtlich: nur einen Fingerhut voll! Nicht wörtlich gemeinte Antwort, wenn man etwas (Alkoholisches) zu trinken angeboten bekommt. Auch: *just a drop*.

just what the doctor ordered! genau das Richtige! Wörtlich: genau das, was der Doktor verordnet hat.

K

Kailyard (auch: Kaleyard) schottisch: Gemüsegarten, Kohlgarten. Das Wort bezeichnet auch eine Gruppe von schottischen Heimatdichtern des 19. Jahrhunderts.

kangaroo court illegales Gericht, z. B. unter Sträflingen. Der Name stammt wahrscheinlich aus der Zeit, als Australien noch britische Strafkolonie war.

keen as mustard wörtlich: scharf wie Senf; erpicht, versessen auf, »Feuer und Flamme für . . .«.

to keep a low profile sich »bedeckt« / im Hintergrund halten.

to keep a stiff upper lip Haltung bewahren, sich nicht von Emotionen überwältigen lassen. Dies galt im 19. Jahrhundert als Idealvorstellung männlichen Verhaltens.

to keep one's cool ruhig bleiben, die Nerven behalten. Das Gegenteil ist *to lose one's cool. Keep cool!* (= Reg dich nicht auf!)

to keep one's fingers crossed auf Erfolg hoffen, jemandem den Daumen drücken, sich gegen Unheil zu versichern suchen. Gekreuzte Finger als Zeichen für Glück gehen auf den Glauben zurück, durch das Zeichen des Kreuzes Unheil abwehren zu können.

to keep the ball rolling die Sache / das Gespräch in Gang halten.

to keep the home fires burning bekannte Zeile aus einem Lied, das während des Ersten Weltkriegs gesungen wurde. Heute haben die Worte die allgemeine Bedeutung: alles in Ordnung halten, zu Hause bzw. im eigenen Lande, besonders in schwierigen Zeiten.

keeping up with the Joneses wörtlich: mit der Familie

Jones Schritt halten. Die Wendung bezieht sich auf die Bemühungen der Leute, ihren Nachbarn und Kollegen »in gesellschaftlicher Hinsicht« nicht nachzustehen.

keep your shirt on Bleib ruhig! Reg dich nicht auf! Die Wendung erinnert an die Zeiten, in denen die Männer das Hemd auszogen, bevor sie zum Faustkampf gegeneinander antraten.

kelpie schottisches Wort für einen Nix (Wassergeist) in Pferdegestalt, auf dessen unheilvolles Wirken man das Ertrinken Reisender zurückführte.

to kick and scream sich lauthals beschweren.

to kick the bucket Euphemismus für »sterben«. Es gibt keinen festen Anhaltspunkt für die Herkunft dieses Ausdrucks. Wörtlich: den Eimer (weg-)treten.

to kick someone upstairs sich jemandes entledigen, indem man ihn befördert. Wörtlich: jemanden die Treppe hinaufstoßen.

to kill by kindness jemanden mit Wohltaten »erschlagen«.

to kill the fatted calf wörtlich: das gemästete Kalb schlachten (Gleichnis vom verlorenen Sohn, *Lukas* 15,23). Im übertragenen Sinne »fröhlich sein«, »ein großes Fest feiern«.

Kilroy was here gilt als eines der bekanntesten Graffiti (Wandkritzeleien) überhaupt. Es entstand im Zweiten Weltkrieg unter amerikanischen und britischen Soldaten und ist in der ganzen Welt anzutreffen. Das Rätselhafte an ihm ist, daß niemand weiß, wer Kilroy war. Daß die Wörter zuerst von einem Hafeninspektor in Massachusetts mit Kreide auf inspiziertes Material gemalt wurden, ist nur eine der Theorien.

kind hearts are worth more than coronets wörtlich: liebevolle Herzen sind mehr wert als Adelskronen. Das Zitat stammte aus einem Gedicht von Alfred Lord Tennyson (»Lady Clara Vere de Vere«) und drückt aus, daß Charakter mehr zählt als adlige Abstammung.

the king can do no wrong wörtlich: Der König kann kein Unrecht tun. Der alte Verfassungsgrundsatz legt fest, daß der Monarch auf den Rat der Minister hin und mit ihrer Zustimmung handelt und deshalb nicht für politische Entscheidungen zur Verantwortung gezogen werden kann.

kingdom come Jenseits, Leben nach dem Tode. Der Ausdruck ist ein verkürzter Auschnitt aus dem Vaterunser: »Thy kingdome come, thy will be done«.

king-pin »König« beim Kegelspiel. In übertragenem Sinne »der wichtigste Mann«.

king's evil alte Bezeichnung für Skrofulose. Der Name rührt von dem Glauben her, die Krankheit könne vom König durch Berührung geheilt werden. Englische Könige haben besonders im 17. Jahrhundert Heilungsversuche in großem Ausmaß unternommen.

Kirk (of Scotland) schottische Nationalkirche, im Gegensatz zur anglikanischen Kirche. *Kirk* ist die schottische Variante von *church*.

Kiss me, Hardy sollen die letzten Worte von Admiral Nelson gewesen sein, die er an den Kapitän Thomas Hardy richtete, bevor er in der Schlacht bei Trafalgar starb.

kiss of death wörtlich: Todeskuß – Judaskuß. Eine Beziehung oder Handlung, die wohlwollend erscheint, aber in Wirklichkeit zerstörerisch ist. Anspielung auf den Kuß, mit dem Judas Jesus verriet.

Kiwi scherzhafter Name für Neuseeländer, nach einer flugunfähigen Straußenart, Wahrzeichen Neuseelands.

knight errant wörtlich: wandernder Ritter. Mittelalterlicher Ritter auf der Suche nach Abenteuern. Heute eher weltfremder Schwärmer à la Don Quijote.

a knight in shining armour wörtlich: Ritter in blinkender Rüstung. Im übertragenen Sinne: »rettender Engel«, der in einer schwierigen Situation zur Hilfe kommt.

to know chalk from cheese wörtlich: Kreide von Käse unterscheiden können. – Das Echte vom Unechten, das Wahre vom Unwahren unterscheiden können. Die Wendung *»he doesn't know chalk from cheese«* bedeutet: »Er hat keine blasse Ahnung.«

to know what's what Bescheid wissen, sich (in der Welt) auskennen.

to know which side one's bread is buttered wörtlich: wissen, auf welcher Seite das Brot bestrichen ist (= seinen Vorteil kennen und wahrnehmen).

L

The Lady of the Lamp So wurde Florence Nightingale (1820–1910) genannt, die als Krankenschwester im Krimkrieg (1853–1856) die Versorgung von Verwundeten organisierte und reformierte. Sie pflegte nachts mit einer Lampe durch das Lazarett zu gehen.

lady-killer Schürzenjäger, Herzensbrecher.

ladies-in-waiting adlige Hofdamen, die im königlichen Haushalt persönliche Bedienstete der Königin sind; *in waiting* = diensttuend.

landslide Erdrutsch; auch: überwältigender Wahlsieg.

laugh and grow fat Die Lebensweisheit, daß eine fröhliche Grundstimmung mit der Körperfülle zusammenhängt, findet sich auch in der englischen Literatur wieder, z. B. in einem Gedicht des »Wasserpoeten« John Taylor, »Laugh and be Fat« (1625).

Laugh, and the world laughs with you;
Weep, and you weep alone.

Wenn man lacht, lachen alle mit,
Wenn man weint, weint man nur für sich.

Das Zitat aus einem Gedicht »Solitude« (1883) von Ella Wheeler Wilcox sagt etwas über die Art menschlicher Anteilnahme am Schicksal anderer aus.

to lead someone up the garden path jemanden (mit falschen Versprechungen) täuschen, hereinlegen.

leading light führende Persönlichkeit; (in der Schiffahrt: »Leitfeuer«).

a leap in the dark ein Sprung ins Ungewisse, eine Entscheidung mit unabsehbaren Konsequenzen.

leek Lauch ist das Wappenzeichen *(national emblem)* von

Wales. Die Legende erzählt, daß der heilige David, der Nationalheilige von Wales, seine Landsleute veranlaßte, Lauch an ihren Mützen zu tragen, um sich so von den angelsächsischen Feinden zu unterscheiden. Der Brauch wird auch in Shakespeares *Henry V* (IV, 7) erwähnt.

left-handed compliment fragwürdiges, zweifelhaftes Kompliment; s. auch *back-handed compliment.*

legal tender gesetzliches Zahlungsmittel. Währung, die bei Bezahlung von Waren, Begleichung von Schulden usw. vom Gläubiger akzeptiert werden muß.

leprechaun der Schuster im irischen Märchen, der immer nur an einem Schuh arbeitet. Auch allgemein gebraucht: Kobold.

let sleeping dogs lie! »Schlafende Hunde soll man nicht wecken.« Rühr nicht daran, damit es keinen Ärger gibt!

level-headed mit gesundem Menschenverstand, vernünftig, nüchtern.

the life and soul of the party der (belebende) Mittelpunkt einer Gesellschaft.

Lilliput Phantasieland mit den daumengroßen Liliputanern in Jonathan Swifts politischer Satire *Gullivers Reisen* (1726).

Limey amerikanischer und australischer Slangausdruck: britischer Seemann, britisches Schiff oder einfach Brite. Im 18. und 19. Jahrhundert bekamen die britischen Seeleute Limonensaft *(lime juice)* gegen Skorbut.

limerick Nonsens-Gedicht mit typischem Metrum und Reimstellung, durch E. Lears *Book of Nonsense* (1846) bekanntgeworden. Beispiel:
There was a young Lady of Wilts
Who walked up to Scotland on stilts.
When they said it was shocking

To show so much stocking,
She answered, »Then what about kilts?«
Die Verbindung zur irischen Stadt Limerick ist nicht erwiesen. Möglicherweise war der Refrain »Will you come up to Limerick«, der nach den einzelnen Strophen im Chor gesprochen wurde, namengebend.

Little Englanders abfällige Bezeichnung für Kritiker des britischen Imperialismus; stammt aus der viktorianischen Zeit. So sprach Joseph Chamberlain 1895 von *Little England men* als »men who are opposed to any extension of the reponsibilities and obligations of Empire, men who are unworthy sons of the ancestors who have made this country what it is.«

Little Lord Fauntleroy wohlerzogener und adrett gekleideter Junge. Titel eines erfolgreichen Kinderbuches von Frances Hodgson Burnett (1855), nach dessen Erscheinen der kleine Lord mit seinen lockigen Haaren, seinem Samtanzug und seinen gepflegten Manieren englischen Jungen als Vorbild hingestellt wurde.

a little knowledge is a dangerous thing In diesem Sprichwort, das sich gegen Halbwissen richtet, werden allerdings die berühmten Worte Alexander Popes im *Essay on Criticism* (1711) falsch zitiert. Richtig heißt es dort:
»A little learning is a dang'rous thing.«

to live the life of Riley ein angenehmes, glückliches Leben führen. Wer der glückliche Riley war, weiß man nicht.

Liverpudlian Einwohner von Liverpool (wobei *-pool* scherzhaft zu *-puddle* abgewandelt ist). Die Leute in Liverpool bezeichnen sich mit dem Dialektwort *»Scouse«* (verwandt mit »Labskaus«).

Llanfairpwllgwyngyllgogerychwyrndrobwllllantysiliogogogoch Dieses Wort mit 58 Buchstaben ist der längste Ortsname in Großbritannien. Es handelt sich um ein Dorf in Wales, dessen Name die folgende Bedeutung hat: Kirche der heiligen Maria in einer Höhle mit weißem Hasel, in der Nähe des schnellen Wasserstrudels und Kirche des St. Tysilio, in der Nähe einer roten Höhle. Diese genaue Ortsbestimmung geht in der heute gebräuchlichen Verkürzung *Llanfair PG* leider verloren.

Lloyds Versicherungsgruppe mit Sitz in London; kontrolliert in der ganzen Welt vor allem Versicherungen im Bereich der Seefahrt, handelt aber auch mit fast allen anderen Versicherungen.

lock, stock and barrel mit allem Drum und Dran; mit Stumpf und Stiel; mit Sack und Pack. Unmittelbar bezieht sich der Ausdruck auf Teile des Gewehrs.

London Bridge bis 1747 die einzige Londoner Themsebrücke. Sie wurde 1968 in die USA verkauft und steht heute in Arizona. Die den Touristen am besten bekannte Brücke mit den Türmen heißt *Tower Bridge*.

London Gazette das offizielle Regierungsorgan, erscheint dienstags und freitags und geht auf das Jahr 1665 zurück.

lollipop lady/man Verkehrslotsen (Schülerslang). Man erkennt sie an der »Kelle«, die an einen Dauerlutscher *(lollipop)* erinnert.

long time no see! Pidgin Englisch, heute scherzhaft als Begrüßungsformel gebraucht. Wörtlich: Ich habe dich lange nicht gesehen.

loo Toilette, Klo. Kurzform für *gardy loo* aus frz. *gardez l'eau*! Letzteres war ein Warnruf, wenn Schmutzwasser aus dem Fenster geschüttet wurde.

to look as if butter wouldn't melt in one's mouth deutsche Entsprechung: jemand sieht aus, als ob er kein Wässerchen trüben könnte.

looking like something the cat dragged in beschreibt scherzhaft oder ironisch Personen oder Sachen, die ungepflegt und schmutzig sind.

to look through rose-coloured spectacles Ein Optimist sieht – in England wie in Deutschland – alles durch eine rosarote Brille.

Lord (High) Chancellor Lordkanzler, Präsident *(speaker)* des Oberhauses, höchster Richter in Großbritannien.

Lord's Zentrale des englischen Cricket, auf dem Gelände des Marylebone Cricket Club in London, der 1787 von Thomas Lord gegründet wurde.

love laughs at locksmiths im Deutschen etwa: Die Liebe überwindet alles. In Shakespeares »Venus and Adonis« heißt es:
»Were beauty under twenty locks kept fast,
Yet love breaks through, and picks them all at last.«

love me, love my dog Wenn du mich magst, mußt du auch meine Ansichten, Schwächen, Freunde usw. in Kauf nehmen. Der hl. Bernhard schrieb: *Qui me amat, amat et canem meam* (Wer mich liebt, liebt auch meinen Hund).

a lump in the throat ein Kloß im Hals.

the lunatic fringe Randgruppen in der Gesellschaft mit avantgardistischen Ideen, deren Verhalten oft als exzentrisch angesehen wird; *lunatic* = Wahnsinniger, *fringe* = Rand.

M

M. C. (Master of the Ceremonies) Zeremonienmeister. Der Titel geht zurück auf einen Amtsträger am Hofe von Jakob I. im 17. Jahrhundert, der sich um das Protokoll bei Botschaftsempfängen kümmerte.

MCP (Male Chauvinist Pig) Ausdruck der Frauenbewegung für einen Mann, der Gleichberechtigung ablehnt oder sich den Zielen der Bewegung gegenüber feindlich und verächtlich äußert. Im Deutschen nicht ganz so grob: »Chauvi.«

mackintosh Regenmantel, ursprünglich aus gummiertem Baumwollstoff. Von Charles Mackintosh (1766–1843) erfunden.

mad as a hatter wörtlich: verrückt wie ein Hutmacher. Der Ausdruck wurde durch Lewis Carrolls *Alice in Wonderland* bekannt. Die Hutmacher haben in England den Ruf, verrückt zu sein, was die moderne Medizin damit erklärt, daß sie im 18. Jahrhundert bei der Bearbeitung des Hutfilzes Quecksilber benutzten, was zu Gliederzittern führen konnte.

mad as a March hare wörtlich: verrückt wie ein Märzhase, unberechenbar, sprunghaft. Der März ist die Brunstzeit der Hasen, in der sie besonders scheu sind.

mad dogs and Englishmen go out in the midday sun »Nur tolle Hunde und Engländer gehen in der Mittagshitze spazieren.« (Noel Coward, »Mad Dogs and Englishmen«).

Magna Carta Freiheitsurkunde des englischen Adels, die 1215 König John (»Johann ohne Land«) abgerungen wurde. Sie sichert im wesentlichen die Rechte der Kirche und des Adels und schränkt die Macht des Königs ein. Während der Auseinandersetzungen um die Urfassung im 17. Jahrhundert gelangte die Magna Carta zu neuer Bedeutung, wenngleich sie auch nicht als Modell einer freiheitlichen Verfassung bezeichnet werden kann.

to make a killing einen Riesengewinn machen. Ursprünglich auf Wettgewinne beim Pferderennen bezogen.

to make or break in einer Wendung wie »This will either make or break you«. »Das wird dir entweder einen großen Erfolg oder gänzlichen Ruin bringen.«

malapropism sprachlicher Schnitzer, lächerliche Wortverwechslung. In Sheridans Drama *The Rivals* (1775) unterlaufen einer Mrs. Malaprop solche Fehler im Sprachgebrauch. Sie sagt: z. B.: »as headstrong as an allegory (richtig: alligator) on the banks of the Nile«.

man about town Lebemann.

Man Friday Robinson Crusoes Gehilfe, der junge Wilde, den er an einem Freitag fand. Von daher die Bedeutung »ein treuer Diener«.

Mancunian Einwohner von Manchester.

mandarin In Anlehnung an den chinesischen Titel bedeutet das Wort heute »hohes Tier«, besonders hoher Regierungsbeamter, mit ironisch-abwertendem Unterton.

manners maketh man (Gute) Manieren machen den Menschen aus.

many happy returns of the day! wörtlich: Viele glückliche Wiederholungen dieses Tages! Üblicher Geburtstagsgruß, meist abgekürzt zu: *»Many happy returns!«*

Marry in haste, and repent at leisure! Heirate in Eile, bereue mit Muße! – Warnung vor überstürzter Eheschließung.

to meet one's Waterloo eine Niederlage hinnehmen müssen. Im Jahre 1815 wurde Napoleon von Wellington bei Waterloo geschlagen.

to mend one's ways sich bessern, sein Benehmen ändern.

mental arithmetic Kopfrechnen.

Micawber unverbesserlicher Optimist. Nach einer Figur in Charles Dickens' Roman *David Copperfield*, Mr. Wilkins Micawber, der ständig großartige Pläne schmiedet, die ihm das große Glück bringen sollen. Obwohl er immer nur Mißerfolge hat, überläßt er sich nicht der Verzweiflung.

mike »Mikro«, Kurzform von: Mikrofon.

to mind one's p's and q's sich mit seinen Worten und seinem Benehmen in acht nehmen, so wie man beim Schreiben p und q unterscheiden muß. Wörtlich: auf seine p's und q's achten.

Misery acquaints a man with strange bedfellows. »Die Not bringt einem seltsame Schlafgesellen.« Aus Shakespeares *Tempest* (II, 2).

Mods and Rockers Die *Mods* waren Teenager-Gruppen, die sich im London der frühen 60er Jahre zusammentaten. Sie trugen dandyhafte Kleider im Carnaby-Street-Stil und fuhren Motorroller. Die langhaarigen *Rocker* trugen Lederjacken und fuhren auf Motorrädern. Die Rivalität zwischen den Gruppen führte zu häufigen Schlägereien in London und Seebädern wie Brighton.

money is the root of all evil Geld ist die Wurzel allen Übels. Ein falsches Bibelzitat, denn im *1. Timotheus-Brief* (VI, 10) heißt es, daß die Liebe zum Geld die Wurzel allen Übels sei.

monkey business krumme Tour, fauler Zauber. Wörtlich: Affengeschäft.

a monkey on one's back die schwere Bürde, der hohe

Zeit- und Geldaufwand, den ein Rauschgiftsüchtiger zu verkraften hat.

moonlight flit Auszug bei Nacht und Nebel, um sich vor der Bezahlung von Mietschulden zu drücken.

More know Tom Fool than Tom Fool knows. Wörtlich: Es gibt mehr Leute, die Tom Fool kennen, als Tom Fool meint. (*Tom Fool* ist der »Narr«, *tomfoolery* der »Blödsinn«, die »Narretei«.)

More power to your elbow! Wörtlich: mehr Kraft für deinen Ellenbogen! Scherzhafter Toast zur Ermunterung für ein geplantes Unternehmen.

the morning after the night before der Kater am Morgen nach einer feuchtfröhlichen Nacht. Wörtlich: der Morgen nach der vorigen Nacht.

The Mousetrap *Die Mausefalle,* ein Kriminalstück von Agatha Christie, wird seit 1952 ununterbrochen in London gespielt und hält somit den Rekord der längsten Spieldauer eines Theaterstücks in England.

Mr Right Der Traummann, der ideale Ehemann/Freier; in der Wendung: Mr Right is not yet come.

much ado about nothing Viel Lärm um nichts. Titel einer Komödie von Shakespeare.

Mum's the word! Mund halten! Nicht weitersagen! (*Mum* = Pst! Still!) Nach dem Würfelspiel *mumchance*, bei dem absolute Stille herrschen muß.

Murphy's Law Das »Gesetz« besagt, daß alles, was irgendwie schiefgehen kann, am Ende auch schiefgehen wird. Wer allerdings der Unglücksrabe Murphy ist, weiß man nicht.

Music has charms to soothe the savage breast. »Die Musik hat Zauberkräfte, die die wilde Brust besänftigen.« Zitat aus William Congreves *Love for Love* (1695).

musical chairs Gesellschaftsspiel »Die Reise nach Jerusalem«. Der Ausdruck bezieht sich heute in der Politik auf eine Umgruppierung, z. B. eine Kabinettsumbildung, bei der die Personen bleiben, aber ihre Ämter wechseln.

mutton dressed as lamb Schaf auf Lamm gemacht. Abfällige Bemerkung über eine Frau, die sich in Kleidung und Frisur jünger macht, als sie ist.

N

N.H.S. (National Health Service) staatliches Gesundheitswesen in Großbritannien; besteht seit 1948 und wird im wesentlichen aus Steuermitteln und nicht durch Versicherungsbeiträge finanziert.

namby-pamby abgeschmackt, affektiert, sentimental, verweichlicht. In dem Gedicht »Namby Pamby« von Henry Carey wird Ambrose Philips (1674–1749) lächerlich gemacht, weil er Kindergedichte in affektierter Kindersprache verfaßt hatte. *»Namby«* ist eine kindersprachliche Form von *»Ambrose«*.

to name the day den Hochzeitstag festsetzen, was traditionell der Braut überlassen wird.

name your poison scherzhafte Formulierung, wenn man jemanden in der Kneipe zu einem Drink einlädt.

a nancy boy Muttersöhnchen, Weichling. Auch: Schwuler. *»Nancy«* ist ein weiblicher Vorname.

a nation of shopkeepers ein Volk von Krämern. Adam Smiths Bezeichnung für den kapitalistischen Geist und die kommerzielle Gesinnung in England in seinem Hauptwerk *The Wealth of Nations* (1776); auch von Napoleon übernommen.

NCO (non commissioned officer) Unteroffizier.

Nessie das Monster von Loch Ness. Im Jahre 1933 soll es zum erstenmal in dem schottischen See gesehen worden sein: ein etwa 10 m langes Wesen mit zwei Höckern und einem Schlangenkopf. Nach wiederholten Berichten über sein Auftauchen wurde 1987 eine großangelegte wissenschaftliche Suchaktion durchgeführt, die leider die Existenz Nessies nicht endgültig nachweisen konnte.

Never in the field of human conflict was so much owed by so many to so few. »Nie in der Kriegsgeschichte haben so viele Menschen so wenigen Menschen so viel zu verdanken gehabt.«
(Winston Churchill, August 1940, in einer Rundfunkansprache über die englische Luftwaffe).

Never Never Land In J. M. Barries Geschichte von *Peter Pan* (1904) das Märchenland, in dem die (aus Kinderwagen gefallenen) Jungen, Indianer und Piraten leben. Der Ausdruck wurde auf entlegene Gegenden und Phantasieländer angewandt.

the never-never umgangssprachlich für Kreditkauf; *to buy on the never-never* heißt »abstottern«, »auf Pump kaufen«. Das *never* deutet an, daß die Abzahlungen vielleicht nie geleistet werden oder der Verkäufer nie sein Geld bekommt.

never say die! Nicht aufgeben!

never trouble trouble till trouble troubles you Der Sinn dieses Wortspiels ist etwa: Mach dir keine (unnötigen) Sorgen, sie kommen noch früh genug.

Newspeak »Neusprache« nannte George Orwell in seinem Roman *Nineteen Eighty-Four* die Sprache, in der Worte und Wendungen ihre Bedeutung entsprechend den Ansichten der Staatsführung verändern.

Neither a borrower nor a lender be. »Kein Borger sei und auch Verleiher nicht.« Einer der Ratschläge, die in Shakespeares *Hamlet* (I,3) Polonius seinem Sohn Laertes mit auf den Weg gibt.

a nice kettle of fish! wörtlich: ein schöner Topf mit Fisch! Eine schöne Bescherung! *»Kettle of fish«* nannte man ein Picknick am Flußufer, bei dem man einen frisch gefangenen Lachs im Kessel kochte. Eine gewisse Unbequemlichkeit bei solchen Mahlzeiten mag die obige Wendung hervorgebracht haben.

a night on the tiles wörtlich: eine Nacht auf den (Dach-) Ziegeln. Gemeint ist eine durchzechte Nacht, auch wenn der Zecher nicht wirklich – wie die Katzen – auf den Dächern der Stadt herumstreift.

nightcap wörtlich: Schlafmütze. In übertragenem Sinne ein Schlaftrunk, der entgegen verbreiteter Meinung nicht unbedingt alkoholisch zu sein braucht.

nine times out of ten meistens, fast immer.

nineteenth hole witzige Bezeichnung für die Bar eines Golfklubs, die die Spieler nach einer Runde (= 18 Löcher) anpeilen.

ninety per cent of inspiration is perspiration 90 % der Inspiration ist Transpiration. Oder: Inspiration ist nutzlos ohne harte Arbeit. Thomas Alva Edison, der Erfinder des Phonographen und der ersten brauchbaren Glühlampe, formulierte es in einem Interview ähnlich: »Genius is one per cent inspiration and ninety-nine per cent perspiration.«

no dice! geht nicht! absolut nicht! In Wendungen wie »Sorry, John, no dice« oder »No, I 'm afraid it's no dice«! *Dice* sind Würfel; in der Wendung wird auf einen nicht gelungenen Wurf angespielt.

the noble art (of self-defence) die edle Kunst (der Selbstverteidigung). Gemeint ist mit diesem leicht verstaubten Ausdruck das Boxen.

nodding acquaintance flüchtige Bekanntschaft (der man zur Begrüßung nur kurz zunickt).

Non Angli, sed angeli. Not Angles, but angels. – Nicht Angeln (= Angelsachsen), sondern Engel. In einer Legende wird erzählt, daß Papst Gregor (590–604) auf einem Sklavenmarkt eine Gruppe blonder Jünglinge sah und sich nach ihrer Herkunft erkundigte. Als er hörte, daß sie heidnische Angeln waren, soll er so geantwortet und den hl. Augustin zu ihrer Bekehrung geschickt haben.

nonconformist Mitglied einer protestantischen Glaubensgemeinschaft, die nicht zur *Church of England* gehört. Nonkonformisten sind z. B. Methodisten, Baptisten und Mitglieder der United Reformed Church.

nosey parker neugierige Person, z. B. in: »Do you think I am a terrible nosey parker?«

nosh Slangwort für »zubereitetes Essen«; z. B. in »Here is Ruth with the nosh.« Ursprünglich jiddisch.

not bloody likely! drastische Ablehnung; etwa: »Nein, verdammt noch mal!« Der Ausdruck ist aus George Bernard Shaws *Pygmalion* bekannt, wo Eliza Freddy, ihren Verehrer, abwimmelt:

Freddy: »Are you walking across the Park, Miss Doolittle? If so . . .

Eliza: Walk! Not bloody likely. I'm going to take a taxi.«

not half! und wie! und ob! Umgangssprachliche Antwort auf Fragen wie »Do you like whisky?«

not my cup of tea umgangssprachlich für: »Nichts für mich!«

Nothing in his life became him like the leaving it.

»Nichts stand in seinem Leben ihm so gut,
als wie er es verlassen hat.«

In Shakespeares Macbeth (I,4) spricht Malcolm so über Cawdor, als dieser bei seiner Hinrichtung große Tapferkeit zeigt.

nothing to write home about wörtlich: nichts, was man nach Hause schreiben könnte. Ironischer Kommentar zu einer langweiligen Angelegenheit.

number one auf die eigene Person bezogen. *»To look after number one«* bedeutet so »die eigenen Interessen verfolgen«.

nuts Slangwort: »verrückt«. In Ausdrücken wie »a nut case« (= ein verrückter Kerl) oder »I am nuts about the girl« (= verrückt sein nach . . .).

nuts and bolts wörtlich: Schrauben und Muttern. In übertragenem Sinne: das Wesentliche, die Grundlagen; z. B. in: »He explained the nuts and bolts of his plan.«

O

OHMS Diese Abkürzung findet sich auf regierungsamtlichen Briefkuverts und lautet vollständig: *»On Her Majesty's Service«* (»Im Auftrag Ihrer Majestät«).

off the peg (Kleidung) von der Stange.

offbeat umgangssprachlich: ungewöhnlich, ausgefallen, extravagant, »verrückt«. In der Musik hat sich der Begriff *offbeat* komplementär zu *downbeat* and *upbeat* (z. B. bei der Taktstockführung) entwickelt. Unter *offbeat music* verstand man die »abweichenden« synkopierten Rhythmen moderner Musik, die als »ungewöhnlich« empfunden wurden. Von daher ergab sich die umgangssprachliche Bedeutungserweiterung.

officer Das Wort wird nicht nur als Berufsbezeichnung (Offiziere, Beamte), sondern auch als Anredeformel Polizisten gegenüber verwendet.

The Old Lady of Threadneedle Street Spitzname für die Bank von England, die sich in jener Straße befindet.

the old one-two bewährte Zweierkombination, das bewährte Team. Der Ausdruck kommt aus der Boxersprache, wo die Schlagkombinationen kurze linke Gerade / rechter Haken als klassischer Knockout-Schlag angesehen werden.

old salt (alter, erfahrener) Seemann, der schon lange Zeit mit dem Salzwasser in Berührung ist.

old school tie die zur Schuluniform gehörende Krawatte mit besonderem Farbmuster, die in bestimmten Gesellschaftsschichten auch nach der Schulzeit noch Zeichen von Klassenzugehörigkeit, vielleicht snobistischen Klassenbewußtseins ist.

old soldiers never die, they only fade away Passage aus einem Soldatenlied des Ersten Weltkriegs (*to fade away* = dahinschwinden, verblassen).

old wives' tale »Ammenmärchen«. Gorge Peele schrieb 1595 ein Drama, Arnold Bennett 1908 einen Roman mit dem gleichen Titel.

O my prophetic soul Wendung aus Shakespeares *Hamlet* (I,5), die mit »Oh, mein prophetisches Gemüt«, später mit »O meine ahnungsvolle Seele« übersetzt wurde.

on a shoestring mit ein paar Groschen, mit wenig Kapital. In Wendungen wie »a film made on a shoestring budget« oder »cookery on a shoestring«; (*shoestring* im amerikanischen Englisch: »Schnürsenkel«).

on ice auf Eis gelegt.

on the horns of a dilemma in einer Zwickmühle sein; zwischen zwei Übeln wählen müssen.

on the rocks 1. Getränk mit Eiswürfeln. 2. »pleite«, »am Ende«, wobei sich diese übertragene Bedeutung aus der Vorstellung eines Schiffes »on the rocks« ergibt.

on the side of the angels mit seinen Überzeugungen auf der richtigen Seite stehen. Die Wendung stammt aus einer Rede, die der Premier Benjamin Disraeli 1864 in Oxford hielt: »The question is this: Is man an ape or an angel? I, my Lord, am on the side of the angels.«

on your bike! verschwinde! (*Bike* ist die Kurzform von *bicycle.*)

Once upon a time ... Es war einmal ... – Eingangsformulierung bei Märchen.

at one fell swoop mit einem Schlag (*fell* = grausam, tödlich; *swoop* = das Herabstoßen des Raubvogels). Zitat aus Shakespeares *Macbeth*. Als Macduff erfährt, daß Frau und Kinder von Macbeth getötet worden sind, ver-

gleicht er Macbeth mit einem Raubvogel:
»What, all my pretty chickens, and their dam
At one fell swoop?« (IV,3).

one for the road noch einen für unterwegs. Gemeint ist ein letztes Glas, bevor man sich verabschiedet (und hoffentlich nicht mit dem Auto losfährt).

One man's meat is another man's poison. Was dem einen sin Uhl, ist dem andern sin Nachtigall. / Des einen Tod ist des anderen Brot. (Wörtlich: Des einen Fleisch ist des anderen Gift.)

the one that got away wörtlich: der eine, der entwischt ist. Ursprünglich verspottete man so Angler, die mit dem Fisch prahlten, den sie beinahe gefangen hätten. Seit den fünfziger Jahren bezieht man die Wendung auch auf Junggesellen, die gerade noch »dem Joch der Ehe« entkamen.

one-armed bandit Der »einarmige Bandit« ist ein Spielautomat, der mit einem Hebel bedient wird.

one-horse town Kaff, ödes Nest.

one-night stand 1. einmaliges Gastspiel. 2. einmaliges sexuelles Abenteuer.

a one-track mind in der Wendung »you have a one-track mind« im Deutschen etwa: Du hast immer nur dasselbe im Kopf. (Wörtlich: eingleisiges Denken.) Die Einseitigkeit bezieht sich bei der Verwendung dieser Redensart auch häufig auf sexuelle Phantasien.

oneupmanship die Kunst, allen anderen um einen Schritt (eine Nasenlänge) voraus zu sein. Entstanden ist das merkwürdige Wort aus der Wendung *»to be one up on someone«*.

Open University britische Fernuniversität, seit 1969. »Open« bedeutet: allen ohne Eingangsqualifikationen zugänglich. Das System besteht aus Fernseh- und Radioprogrammen, Fernkursmaterialien und Seminaren.

Orange Order Oranienorden. Gesellschaft, die 1795 in Nordirland gegründet wurde, um die protestantische Vorherrschaft aufrechtzuerhalten. Der Name kommt von Wilhelm von Oranien (William III of Great Britain), der Jakob II. und die Katholiken 1690 in der Schlacht am Boyne schlug. Der Oranienorden hat mit seinen Verbindungen zu Kirche und politischen Gruppen noch starken Einfluß in Nordirland.

The Order of the Garter Hosenbandorden. Höchster Ritterorden in Großbritannien, 1348 von König Eduard III. gestiftet. Es wird erzählt, daß die Herzogin von Salisbury bei einem Hofball ihr Strumpfband verlor, worauf der König es aufhob und an sein Knie band, mit den Worten »Honi soit qui mal y pense.« (»Verachtet sei, wer Arges dabei denkt.«)
Der Orden besteht aus dem Monarchen, Mitgliedern der königlichen Familie und 25 Rittern.

Ordnance Survey kartographische Erfassung Großbritanniens, bei der die 2 cm = 1 km–Landkarten eine besondere Rolle spielen.

out of the woods »über den Berg«. Die englische Redensart könnte eine Kurzfassung des Sprichworts »Don't shout until you're out of the woods« sein.

out of this world phantastisch, sagenhaft, »irre«.

overpaid, oversexed and over here Mit diesem Wortspiel wurden die amerikanischen Soldaten verächtlich beschrieben, die im Zweiten Weltkrieg in Großbritannien stationiert waren. Wörtlich: überbezahlt, sexbesessen, hier bei uns.

to overstay one's welcome länger bleiben, als man willkommen ist.

Oxbridge zusammengesetzt aus Oxford und Cambridge; das Wort bezeichnet die beiden Eliteuniversitäten und ihren gesellschaftlichen Status.

P

PA 1. *public address system* (mit Mikrofon, Verstärker, Lautsprecher);
2. *personal assistant,* »Privatsekretärin«. Analog zu *man Friday* scherzhaft auch *girl Friday* genannt.

Pack up your troubles in your old kit-bag, and smile, smile, smile. Pack die Sorgen in den Seesack . . .; Soldatenlied aus dem Ersten Weltkrieg, später als sprichwörtliche Wendung.

to paddle one's own canoe auf eigenen Füßen stehen, selbständig sein.

Paddy bekannter, leicht abfälliger Spitzname für Iren, Diminutivform von *Patrick.* Wegen des Nationalheiligen, *St. Patrick*, ist *Patrick* in Irland ein häufiger Vorname.

padre Anredeform und informeller Titel eines Geistlichen in der britischen Armee.

to paint the town red wörtlich: die Stadt rot anmalen. (Bei einer nächtlichen Tour durch die Vergnügungslokale) »einen drauf machen«, »auf die Pauke hauen«.

panda car Polizeiauto. Anspielung auf das Aussehen der Wagen: klein, weiß, mit Streifen.

Parkinson's Law »Work expands so as to fill the time available for its completion«. Die Arbeit vermehrt sich in dem Maße, in dem Zeit für ihre Ausführung vorhanden ist. Das ist das bekannte »Gesetz«, das C. N. Parkinson nach dem Muster ernsthafter ökonomischer Grundlagenforschung in seinem Buch gleichen Namens formulierte, um die sich selbst erhaltende Bürokratie satirisch zu beschreiben.

Pax Britannica Nach dem Begriff *Pax Romana* geprägtes

Schlagwort, das die friedliche, auf wirtschaftliche Kooperation und Verbreitung der Selbstverwaltung ausgerichtete Weltreichspolitik Großbritanniens zusammenfassen sollte (besonders im 19. Jahrhundert).

peace in our time Diese wenig glückliche Formulierung verwendete der Premierminister Neville Chamberlain 1938 nach Unterzeichnung des Münchener Abkommens, mit dem Hitlers Expansionsgelüste beschwichtigt werden sollten.

peach »klasse« Person oder Sache, z. B. in »a peach of a girl«.

Peeping Tom Voyeur. Der Name geht auf einen Schneider in Coventry im 11. Jahrhundert zurück. Er wurde mit Blindheit gestraft, weil er heimlich zuschaute, als Lady Godiva nackt durch die Straßen Coventrys ritt. Sie hatte ihren Gemahl, den Grafen von Coventry, gebeten, den Pächtern die drückende Steuerlast zu erleichtern, was er unter der Bedingung zusagte, daß sie nackt durch die Straßen der Stadt ritt. Das tat sie, wobei alle Einwohner wegschauten – außer Tom.

a penny for your thoughts wörtlich: einen Pfennig für deine Gedanken. Woran denkst du gerade?

penny-dreadful 1. Groschenroman. 2. Schundheft. Diese alte Formulierung wird heute noch verwendet, obwohl die so bezeichnete Literatur natürlich inzwischen wesentlich teurer ist.

People who live in glass houses should not throw stones. Wer im Glashaus sitzt, soll nicht mit Steinen werfen. Das Sprichwort stellt die Kritik von seiten derer in Frage, die eigentlich selbst Kritik verdienen.

Per ardua ad astra lat., Motto der britischen Luftwaffe (»Über rauhe Pfade zu den Sternen«).

the permissive society laissez-faire-Gesellschaft, tabufreie Gesellschaft. Ein in England seit den 60er Jahren bekannter Begriff für die zunehmend tolerante und liberale Haltung in der Gesellschaft gegenüber ehemaligen Tabus wie Homosexualität, Abtreibung, Wettspiel, Striptease, Pornographie und deren Vorkommen in den Medien.

pet aversion wörtlich: Lieblingsabneigung. Greuel; etwas, das man besonders verabscheut.

Petticoat Lane (sonntäglicher) Straßenmarkt in der Middlesex Street, London, Besonders beliebt für Kleidung, Modeschmuck, Souvenirs usw.

photo-finish Fotofinish; äußerst knappe Entscheidung bei einem Rennen mit Zielphotographie.

pidgin English Behelfssprache, die sich seit dem 17. Jahrhundert aus stark reduziertem englischen Wortschatz und Elementen der chinesischen Lautung, Syntax und Wortbildung entwickelt hat. In Ostasien, besonders in China als Handels- und Verkehrssprache benutzt. *Pidgin* = chinesische Aussprache von *business*.

a piece of skirt Slangwort für »junge Frau«.

Plain Jane ein unansehnliches Mädchen.

to play to the gallery nach Effekt haschen, für die Galerie spielen. Die Redensart bezieht sich ursprünglich auf Schauspieler, die mit ihrem Spiel vor allem die Zuschauer »auf den billigen Plätzen« zu begeistern versuchen.

plonk billiger (Rot-)Wein.

p.m. lat. *post meridiem*; zwischen Mittag und Mitternacht, z. B. in 6 p.m., was im Englischen für 18.00 Uhr geläufig ist. Das Gegenteil ist a. m. *(ante meridiem)*.

PO Box (post-office box) = Postfach.

poker face ausdrucksloses Gesicht, wie es Pokerspieler aufsetzen.

Pongo in der britischen Marine für »Soldat«.

porn, porno journalistische Abkürzungen für *pornography* oder *pornographic*, z. B. in *porno magazines*.

Postman's Knock altes Partyspiel. Die weiblichen Teilnehmer bekommen eine geheime Zahl, die männlichen Mitspieler spielen der Reihe nach den Briefträger, der von draußen mehrfach an die Tür klopft. Das Mädchen, dessen Nummer geklopft wird, muß / darf hinausgehen und den Briefträger küssen.

pot Slangwort für Marihuana.

the pot calling the kettle black wörtlich: Der Topf nennt den Kessel schwarz. Im Deutschen entsprechend: »Ein Esel schilt den andern Langohr.« Die Redensart wird gebraucht, wenn jemand einem anderen Fehler vorwirft, die er selber hat.

a pound of flesh »Ein Pfund Fleisch« zu fordern, heißt soviel wie: sein volles Recht verlangen, eine Vereinbarung bis zum i-Tüpfelchen erfüllt bekommen. In Shakespeares *Merchant of Venice* hat Shylock Antonio Geld gegen die Sicherheit von einem Pfund Fleisch aus Antonios Körper geliehen. Als Antonio nicht zahlen kann und Shylock auf der »Bezahlung« besteht, wird sein Vorhaben vereitelt: Nach dem richterlichen Urteil darf Shylock nur genau ein Pfund Fleisch, und zwar ohne Blut zu vergießen, herausschneiden.

to pour down the drain (Geld) für Dinge ausgeben, die nichts einbringen, (Geld) zum Fenster hinauswerfen; *down the drain* heißt wörtlich: »im Abfluß«, also: »futsch«, »im Eimer«.

the powers that be die maßgeblichen (Regierungs-)Stellen. Der Ausdruck kommt aus dem *Römerbrief* 13,1: »The powers that be are ordained of God.«

practise what you preach wörtlich: praktiziere (selbst), was du (anderen) predigst.

primary education Grundschulerziehung im Alter von 5–11 Jahren; dann beginnt die *secondary education.*

primrose path (*primrose* = Primel). Gemeint ist der leichte Weg des Vergnügens und Genießens, der in Shakespeares *Macbeth* (II, 3) beschrieben ist: »the primrose way to the everlasting bonfire«.

Prince Charming In Anlehnung an das Märchen vom »Aschenputtel« ist es der attraktive Freier.

Prince of Wales Titel des ältesten Sohnes des regierenden Monarchen, des Thronfolgers. Als Eduard I. im Jahre 1283 die Unabhängigkeit von Wales beendete, soll er seinen kleinen Sohn Eduard als Prinzen von Wales präsentiert haben. Der derzeitige *Prince of Wales* ist Prince Charles.

pro 1. *professional sportsman* (= Berufssportler). 2. *prostitute.*

Procrastination is the thief of time. Aufschub ist der Dieb, der die Zeit stiehlt. Zitat aus dem Gedicht »Night Thoughts« von Edward Young (1683–1765).

the proof of the pudding is in the eating Probieren geht über Studieren (*proof* = Beweis).

The proper study of mankind is man. Die Aussage in diesem berühmten Zitat aus Alexander Popes *Essay on Man* (1733) ist der Gedanke, daß wir unsere Kräfte darauf konzentrieren sollten, die Situation des Menschen zu verstehen und zu verbessern.

prospect Geschäftsjargon: *prospective customer* (potentieller Kunde, Interessent).

pub Kneipe. Abkürzung für *public house.* Wörtlich: öffentliches Haus. Der Kneipenwirt heißt *publican.*

pubcrawl Kneipenbummel; *crawl* heißt »kriechen«, »krabbeln«.

public school Trotz ihres Namens (»öffentliche Schule«) ist dies eine teure, elitäre Privatschule für die Oberklasse, in der Führungsqualitäten, Charakterbildung und die Vorbereitung auf Oxford und Cambridge eine besondere Rolle spielen. Es gibt etwa 270 solcher Schulen in England; die bekanntesten sind Eton, Harrow und Winchester.

to pull one's punches sich zurückhalten, seine Kritik mäßigen. In der Boxersprache sind Schläge gemeint, die absichtlich mit Verzögerung ausgeführt werden. Das Gegenteil, *not to pull one's punches*, heißt »vom Leder ziehen«, »kein Blatt vor den Mund nehmen«.

to pull someone's leg jemanden »auf den Arm nehmen«.

pusher Rauschgifthändler, der an den einzelnen Kunden verkauft.

pushover jemand, der leicht zu besiegen ist oder leicht auf etwas hereinfällt. (He is a pushover for that. = Er fällt prompt darauf herein.)

puss Umgangssprachlich für »Mädchen«. Wörtlich: Kätzchen.

Put that in your pipe and smoke it! Merk dir das!

to put the cat among the pigeons für helle Aufregung sorgen (*pigeon* = Taube).

Q

Quakers allgemeiner Name für *The Society of Friends*, eine 1668 gegründete religiöse Gemeinschaft mit pazifistischer Grundhaltung, hohen moralischen Ansprüchen und umfangreicher erzieherischer und karitativer Tätigkeit. Im Unterschied zu anderen protestantischen Gemeinschaften haben sie keine ordinierten Geistlichen und keine feste Liturgie. Ihr Wirken bei der Besiedlung Amerikas ist mit dem Namen William Penns verbunden. Das Wort *Quakers* (= Zitterer) leitet man von dem Trancezustand ab, in dem sie sich beim Beten und Predigen befinden, oder auch von der Forderung ihres Gründers, George Fox, beim Anhören des Wortes Gottes zu »beben«.

Queen Anne style Architektur- und Möbelstil, der typisch für die Regierungszeit der Queen Anne (1702–1714) war. Die nußbaumfurnierten Möbel waren von einfacher Eleganz; in der Architektur wurden Ziegelbauweise und einfache klassische Linien bevorzugt.

Queen's Counsel hochrangiger Anwalt, der die Krone in Strafsachen vertritt.

Queen's evidence gewöhnlich in der Wendung *to turn Queen's* (oder *King's,* amerikan. *State's*) *evidence* = als Kronzeuge auftreten.

Queen's Messenger Beamter des britischen Außenministeriums, der vertrauliche Mitteilungen von London zu den Botschaften im Ausland zu bringen hat. Als Abzeichen trägt er einen silbernen Windhund auf dem Revers.

Queen's Speech die Rede, die die Königin zur Parlamentseröffnung von ihrem Thron im Oberhaus aus hält und in der das Regierungsprogramm für die nächste Legislaturperiode vorgestellt wird. Die Rede wird von der Königin gelesen, ist aber vom Premierminister verfaßt.

Queensberry Rules Boxregeln, 1867 vom Marquis von Queensberry aufgestellt. In ihnen wurde das Tragen von Boxhandschuhen angeordnet; Schläge unter die Gürtellinie wurden verboten.

a queer fish ein komischer Kauz.

quid Slang für: Pfundnote (Pluralform auch *quid*).

Quisling Verräter, Kollaborateur. Nach Vidkun Quisling, dem norwegischen Politiker, der Hitler 1940 die Besetzung Norwegens vorschlug, dessen Ministerpräsident er (unter einem deutschen Reichskommissar) wurde.

quote – unquote Zitat – Zitatende. Wenn ein Wort, Ausdruck oder Satz von diesen beiden Wörtern eingeschlossen wird, will man andeuten, daß man sich von dem, was andere gesagt haben, distanziert; z. B.: »The politician dreaded the prospect of having to meet with the quote pillars of society unquote at the opera ball.«

R

RAF (Royal Air Force) Britische Luftwaffe.

RN (Roal Navy) Kriegsmarine.

Rachmanism unseriöse Praktiken im Miet- und Immobiliengewerbe, nach Peter Rachman, dessen rüde Formen von Mietwucher Anfang der 60er Jahre berüchtigt waren.

the rank and file beim Militär der Mannschaftsstand, im Gegensatz zu den Offizieren (*»in rank and file«* = in Reih' und Glied); dann auch die Basis einer Organisation (z. B. einer Gewerkschaft) im Gegensatz zu der Führungsschicht, den Funktionären usw.

rat-race der unbarmherzige Konkurrenzkampf im Geschäftsleben und in freien Berufen.

a raw deal eine Gemeinheit; z. B. in »he gave me a raw deal« = er hat mir übel mitgespielt.

to read the Riot Act jemanden die Leviten lesen, jemanden ernstlich warnen. Wörtlich: die Aufruhrakte verlesen. Wenn 12 oder mehr Personen Unruhen verursachen, muß ihnen in England von Amts wegen befohlen werden, die Versammlung aufzulösen. Das entsprechende Gesetz heißt *Riot Act* und stammt von 1715.

reader an einigen Universitäten: dienstälterer und ranghöherer Dozent. Im Verlagswesen ist es ein Lektor oder Korrektor.

Received Pronunciation gilt als Standardaussprache des Englischen; i. a. als »bestes« Englisch angesehen, weil es in den gebildeten und gesellschaftlich maßgeblichen Kreisen gesprochen wird. Man hört es weitgehend an Universitäten, bei Gericht, im Fernsehen. Historisch gesehen war es der Dialekt des Londoner Raumes, der sich auch am Hofe entwickelte. Andere Ausdrücke sind *BBC Englisch, Southern English. Queen's English / King's English* bezieht sich mehr auf Grammatik und Stil.

to receive the order of the boot wörtlich: den Orden vom Stiefel erhalten, was natürlich »rausgeschmissen werden« bedeutet. Auch: *to get the boot.*

Red Biddy hochprozentige Mischung aus billigem Rotwein *(plonk)* und Methylalkohol.

red-brick university wörtlich: Ziegelstein-Universität. In den vierziger Jahren kam diese Bezeichnung für Hochschulen auf, die Ende des 19. und in der ersten Hälfte des 20. Jahrhunderts gegründet wurden und allmählich Universitätsstatus erlangten. Beispiele sind London, Manchester, Sheffield, Nottingham.

Red Ensign Flagge der britischen Handelsmarine (rote Flagge mit dem Union Jack in der oberen linken Ecke).

The Red Flag Symbol der sozialistischen Internationale; auch Bezeichnung für eine sozialistische Hymne, die bei der Labour Party heute noch gesungen wird.

red tape Bürokratie, Papierkrieg. Wörtlich ist es das rote Band, mit dem früher Akten gebündelt wurden.

Redcoat Bis zur Einführung der Farbe Khaki Ende des 19. Jahrhunderts nannte man britische Soldaten nach ihrer Uniform »Rotröcke«.

Reds under the beds die Roten unter dem Bett. Mit dieser Wendung wird die Angst vor kommunistischer Unterwanderung des Westens lächerlich gemacht.

red-handed *To be caught red-handed* heißt »in flagranti erwischt werden«, »mit blutverschmierten Händen«.

a red-letter day wörtlich: ein Tag mit roten Buchstaben (wie im Kalender); ein besonders glücklicher, erfolgreicher Tag im Leben.

red-light district Bordellviertel, Vergnügungsviertel. Früher hing eine rote Lampe vor dem Freudenhaus.

registered mail per Einschreiben.

a regular brick ein anständiger Kerl, solide, gerade und verläßlich – eben wie ein Ziegelstein.

rhyming slang Slangreime, vor allem im Cockney-Dialekt. Einzelwörter werden durch mit ihnen reimende Ausdrücke ersetzt, z. B. *feet* durch *plates of meat.* Dann wird der reimende Bestandteil des Ausdrucks weggelassen, womit – nur für Eingeweihte verständlich – *plates* für *feet* steht. Andere Beispiele: *head → loaf of bread → loaf*; *mate* (für *friend*) → *china plate → china.*

to ride shank's mare »auf Schusters Rappen reiten«, d. h. zu Fuß gehen. (*Shank* ist ein älteres Wort für »Unterschenkel«.)

Remembrance Day nationaler Gedenktag für die Gefallenen der beiden Weltkriege, am 2. Sonntag im November. Früher wurde er *Armistice Day* (Tag des Waffenstillstands) genannt und am 11. November (Ende des Ersten Weltkriegs, 1918) gefeiert. Der Tag wird auch *Poppy Day* genannt, wegen der (künstlichen) Mohnblumen, die man sich zur Erinnerung an die Felder von Flandern ans Revers heftet.

roadie Techniker einer Musikband, der für die Lautsprecher- und Beleuchtungsanlage sorgt.

Robin Hood mittelalterlicher Held in Balladen und Geschichten. Er lebte im Sherwood Forest bei Nottingham und schenkte den Armen, was er den Reichen raubte.

a rolling stone gathers no moss wörtlich: ein rollender Stein setzt kein Moos an. Das alte Sprichwort aus dem 15. Jahrhundert sagt, daß ein unsteter Mensch es zu nichts bringen kann.

»The stone that is rolling can gather no moss,
For master and servant oft changing is loss.«
(Five Hundred Points of Good Husbandrie, 1573).

Rolls Royce Der Name des Luxusautomobils geht auf seinen Erfinder, Sir Henry Royce (1863–1933), zurück und auf den Mann, der für den Vertrieb zuständig war, Charles Stuart Rolls (1877–1910).

a rose by any other name would smell as sweet Das vollständige Zitat (aus Shakespeares *Romeo and Juliet*, macht den Sinn klar:
»What's in a name? that which we call a rose
By any other name would smell as sweet.«
»Was ist ein Name? Was uns Rose heißt,
Wie es auch hieße, würde lieblich duften.«

rough diamond wörtlich: Rohdiamant; im übertragenen Sinne: Mensch mit gutem Kern und rauher Schale.

Roundheads »Rundköpfe« waren die Cromwell-Anhänger, die im Bürgerkrieg (1642–49) gegen Karl I. kämpften. Im Gegensatz zur Haartracht der Königstreuen (Perücken oder schulterlanges Haar) trugen die *Roundheads* das Haar kurzgeschnitten.

Royal Ascot Pferderennen, das im Juni in Ascot in der Grafschaft Berkshire stattfindet. Es wird in Anwesenheit der königlichen Familie eröffnet und ist, insbesondere was Damenmoden angeht, ein großes gesellschaftliches Ereignis.

Royal Society wichtigste wissenschaftliche Gesellschaft in England. Sie entstand 1645 als *Royal Society for Improving Natural Knowledge*. Zum Mitglied in ihr gewählt zu werden, gilt als höchste akademische Ehrung.

rugby Abkömmling des Fußballs, in dem 15 Spieler mit einem ovalen Ball spielen, der auch gefangen und geworfen werden darf. Rugby entstand 1823 in der Schule von Rugby in Warwickshire.

Ruritania sprichwörtlich gewordenes romantisches Phantasieland aus Anthony Hopes Roman *The Prisoner of Zenda* (1894).

S

Saint George seit dem 14. Jahrhundert der englische Nationalheilige, als drachentötender Ritter dargestellt. St.-Georgs-Tag ist der 23. April.

Sally Ann kein Mädchenname, sondern Slangwort für die Heilsarmee – *Salvation Army,* die 1865 von William Booth gegründet wurde.

sandwich Der Earl of Sandwich (1718–1792) war ein berüchtigter Spieler, der seiner Leidenschaft Tag und Nacht frönte. Dabei bestellte er hin und wieder zwei Brotscheiben mit einem Stück Schinken, um sich ohne Unterbrechung des Spiels stärken zu können. – Ein *sandwichman* ist ein Plakatträger.

sandwich courses Studienkurse, bei denen Perioden mit Vollzeittätigkeit in Industriebetrieben und Perioden mit Vollstudium einander ablösen.

Sassenach Bezeichnung für »Engländer« in Schottland, nach dem gälischen *Sassunnach* (= Saxon).

saved by the bell wörtlich: durch die Glocke gerettet. Anspielung auf den Pausengong, der dem Boxer im Ring die Chance gibt, neue Kräfte zu sammeln. Allgemeiner auf eine heikle Situation bezogen, in der man durch einen Zwischenfall gerettet wird.

Save your breath to cool your porridge! Wörtlich: Spare dir den Atem, um den Brei abzukühlen. In weiterem Sinne: Spare dir deine Worte, es ist doch nichts zu ändern.

scab herabwürdigende Bezeichnung für »Streikbrecher«. Der Ausdruck *to scab it* heißt »als Streikbrecher unter Tarif arbeiten«.

scoop sensationeller Exklusivbericht in den Medien; Knüller.

Scotch Diese Form des Adjektivs (sonst: *Scottish, Scots*) wird nur noch in wenigen Ausdrücken, z. B. *Scotch Whisky*, verwendet.

Scouse Slangwort für Einwohner Liverpools.

Scrooge Geizhals. Nach der Hauptfigur in Charles Dikkens' Weihnachtsgeschichte *»A Christmas Carol«* (1843).

to sell like hot cakes »wie warme Semmeln weggehen«.

Senior Service Name für die *Royal Navy* als älteste der drei Waffengattungen.

a shaggy dog story eine Geschichte, die witzig sein soll, umständlich erzählt und mit überraschendem Ende. Witzige Geschichten mit struppigen, verwahrlosten Hunden waren in den vierziger und fünfziger Jahren beliebt und finden sich auch heute noch im Repertoire der Illustrierten.

Shangri-La Name eines asiatischen Phantasielandes in James Hiltons Roman *Lost Horizon* (1933). Seine Bewohner sind frei von der Anspannung und der Hektik des modernen Lebens. Im Sinne dieser Idylle wird der Name gelegentlich wieder neu vergeben.

Shavian Der Dramatiker George Bernard Shaw (1856–1950) hat dieses Adjektiv selbst zu seinem Namen gebildet.

she's no (spring) chicken »Sie ist auch nicht mehr die Jüngste.«

shebeen ursprünglich Ort in Irland, in dem Alkohol illegal verkauft wurde. Auch: einfache Kneipe.

ships passing in the night wörtlich: Schiffe, die in der Nacht vorüberziehen. Bildlich gesprochen, zufällige Bekanntschaft, der man nur einmal begegnet.

shop steward Gewerkschaftsvertreter in einem Betrieb, etwa mit dem Status eines Betriebsrats.

shotgun wedding Hochzeit, die – im allgemeinen von den Eltern der Braut – erzwungen wird, weil die Braut schwanger ist (*shotgun* = Flinte).

to shout blue murder Mord und Totschlag schreien.

show-off Angeber; Angabe, Protzerei; angeben, protzen.

shrink Slang für »Psychoanalytiker«. Ursprünglich hieß der Ausdruck *head shrinker* (= Kopfschrumpfer) – ein spöttischer Hinweis auf die Versuche von Psychoanalytikern, den Größenwahn ihrer Patienten zu reduzieren.

sick humour schwarzer oder makabrer Humor, der Komisches in Schmerz, Unglück oder Behinderung sieht.

a sight for sore eyes ein erfreulicher Anblick, eine Augenweide. Wörtlich: ein Anblick für wunde Augen.

to sign / take the pledge Die Redensart aus viktorianischer Zeit heißt: »dem Alkohol abschwören«. *Pledge* = »Gelübde«, »Versprechen«, das bisweilen ganz konkret unterschrieben wurde.

Sinn Fein Die irische nationale Bewegung, die seit 1905 besteht, begründete 1919 die Republik Irland. Sie kämpft heute dafür, die englische Herrschaft in Nordirland zu beenden. Ihr militanter Flügel ist die *Irish Republican Army (IRA)*.

skiffle in den fünfziger und sechziger Jahren in Großbritannien beliebte Richtung der Jazzmusik. Eine Skiffle-Band bestand aus Gitarre, Schlagzeug, Waschbrett und anderen improvisierten Instrumenten.

slainte mhath! gälisch für »Prost!« Bedeutet »Gesundheit«.

slapstick comedy Klamauk in Theater oder Film, z. B. Werfen von Sahnetorten. Eine typische Serie dieser Art ist *Dick und Doof*. Im wörtlichen Sinne ist ein *Slapstick* eine Narrenpritsche.

sleeping partner stiller Teilhaber (in einer Firma).

the small hours die frühen Morgenstunden, etwa zwischen ein und fünf Uhr.

smarmy ölig, kriecherisch, kitschig. *Smarm* war in der viktorianischen Zeit eine Haarpomade für Männer, die man dann schließlich mit »schmierigen Typen« assoziierte.

soap opera sentimentale, melodramatische »Seifenoper« als Radio- oder Fernsehserie (z. B. *Dallas*). So genannt, weil die ersten Serien dieser Art von Seifenfabrikanten in Amerika finanziert wurden.

Some mothers do have them! scherzhaft-spöttische Bemerkung, mit der man sich über die Ungeschicktheit und Dummheit anderer lustig macht. Die Redensart drückt aus, daß es wohl Mütter gibt, die Kinder mit den erwähnten Qualitäten haben.

Something is rotten in the state of Denmark. »Etwas ist faul im Staate Dänemark.« Shakespeares: *Hamlet* (I, 4). Im heutigen Gebrauch deutet die Bemerkung die verborgene Ursache für ein Unbehagen an, das man nicht genau benennen kann.

sour grapes die Trauben, die dem Fuchs (in Aesops Fabel) angeblich zu sauer sind.

southpaw wörtlich: Südpfote. In der Sportsprache (besonders beim Boxen) ein Linkshänder *(left-hander)*.

spare the rod and spoil the child Nach dem Bibelzitat »Wer seiner Rute schonet, der hasset seinen Sohn, wer ihn aber lieb hat, der züchtigt ihn bald« (Sprüche 13,24) wurde dieses Sprichwort im 18. und 19. Jahrhundert zu einem Erziehungsprinzip. In unserer Zeit hat es glücklicherweise seine Beliebtheit verloren.

Speaker Der Sprecher, d. h. Präsident des *House of Lords*, in den USA des Repräsentantenhauses.

to spend a penny Euphemismus für den Gang zur Toilette.

to spill the beans alles ausplaudern, auspacken.

Spoonerism Austausch von (Anfangs-)Lauten nach dem Prinzip des Schüttelreims; nach dem Oxforder Geistlichen Rev. W. A. Spooner (1844–1930), der für solche Verwechslungen bekannt war. Zwei seiner bekanntesten: *our queer old dean* (unser komischer alter Dekan) statt *our dear old Queen* (unsere liebe alte Königin); und *The Lord is a shoving leopard* (Der Herr ist ein drängelnder Leopard) statt *The Lord is a loving shepherd* (Der Herr ist ein liebender Hirte).

sporran (gälisch) Leder- oder Felltasche, die von Schotten zum Kilt getragen wird.

squire Vom 16. Jahrhundert an wurden so ländliche Grundbesitzer genannt, die gleichzeitig politische und juristische Befugnisse hatten. Ihr Niedergang als Gesellschaftsklasse begann im 19. Jahrhundert mit dem Aufstreben der Stadtbevölkerung mit demokratischen Wahlsystemen und Institutionen. Der bekannteste *squire* in der englischen Literatur ist Squire Western in Henry Fieldings Roman *Tom Jones* (1749).

stag party (meist feucht-fröhlicher) Herrenabend. *Stag* = »Männchen« (biolog.); Gegenstück: *hen party.*

standing orders Geschäftsordnung (im *House of Commons*). Auch: Dauerauftrag (bei der Bank).

sterling Ein »Pfund Sterling« war ursprünglich ein Pfund Silberpfennige *(steorlings)*. Seit 1971 hat das englische Pfund 100 Pfennige *(pence)*. Schillinge *(shillings)*, früher 12 p, gibt es nicht mehr. Die Abkürzung für Pfund ist £, zu lat. *libra*.

sticks and stones may break my bones, but words will never hurt me »Stöcke und Steine können mir meine Knochen zerbrechen, aber Wörter tun mir nicht weh.« Sprichwort aus dem 19. Jahrhundert, das heute von Kindern als Erwiderung auf eine Beleidigung gesagt wird.

Stilton Blauschimmelkäse, ursprünglich aus Huntingdonshire. Heute als bester Käse in England bezeichnet.

a storm in a teacup Sturm im Wasserglas.

straight from the horse's mouth Information aus erster Hand, aus erster Quelle. Anspielung auf die Unterkiefer der Pferde, an denen man das Alter genau ablesen kann.

stream of consciousness durch James Joyce und Virginia Woolf bekanntgewordene Erzähltechnik, mit der der Autor den unbewußten Gedankenfluß und die Assoziationen im menschlichen Gedächtnis möglichst direkt wiedergeben will.

a stuffed shirt Wichtigtuer, eingebildeter Pinsel.

SWALK Akronym für *signed with a loving kiss,* beliebte Grußformel auf Valentinskarten. Andere sind: ITALY *(I trust and love you)* und BOLTOP *(better on lips than on paper).*

to swallow the anchor (von Seeleuten) sich zur Ruhe setzen (*swallow* = »schlucken«).

sugar daddy »alter Knacker«, der ein junges Mädchen aushält.

T

T.U.C. (Trades Union Congress) gebräuchliche Abkürzung für den Dachverband der britischen Gewerkschaften.

tabby bräunliche Katze mit dunklen Streifen. Ursprünglich Bezeichnung für einen Seidenstoff mit Wellenlinien.

Taffy Spitzname für Waliser, abgeleitet von dem in Wales sehr verbreiteten Namen *Dafydd* (David).

to take a constitutional aus Gesundheitsgründen einen Spaziergang machen (constitutional = gesundheitsfördernd).

take it easy! immer mit der Ruhe!

to take someone to the cleaner's jemanden um sein ganzes Geld betrügen. Wörtlich: jemanden zur Reinigung bringen.

take-home pay Netto-Einkommen, nach Abzug von Steuern und Versicherungsbeiträgen.

a tall story eine unglaubliche Geschichte.

tally-ho! Ruf bei der Fuchsjagd, wenn der Fuchs gesichtet wird.

to talk bosh Unsinn reden. *Bosh* kommt aus dem türkischen und bedeutet »leer, wertlos«.

to talk nineteen to the dozen unaufhörlich und schnell reden; »das Blaue vom Himmel herunterreden«.

to talk shop fachsimpeln, Dienstliches besprechen.

tarred and feathered geteert und gefedert; eine seit den Kreuzzügen bekannte grausame Form der Bestrafung.

tart in diesem Fall nicht »Torte«, sondern »Prostituierte«. Diese kontrahierte Form von *sweetheart* ist seit der viktorianischen Zeit bekannt.

teach-in Reihe von Vorträgen und Diskussionen mit Experten über ein bestimmtes Thema.

tear-jerker eine Geschichte, ein Theaterstück oder ein Film mit traurig-sentimentalem Thema, das »auf die Tränendrüsen drückt«.

Teddy Boys junge Männer in den fünfziger Jahren, die die Mode der »Edwardian period« (1901–1910) kopierten, besonders was die Farben, die samtenen Rockaufschläge und die Röhrenhosen betraf. König Eduard VII. wurde liebevoll »King Teddy« genannt.

teetotal anti-alkoholisch. Ein *teetotaller* ist ein »Abstinenzler«. Die Herkunft des Wortes ist unbekannt. Es hat jedenfalls nichts mit »tea-total« zu tun.

tenner 10-Pfund-Note, entspricht dem *fiver* für die 5-Pfund-Note.

Test Match Cricket-Spiel mit Mannschaften aus den Commonwealth-Ländern. Das erste dieser Spiele fand 1876 zwischen England und Australien statt.

That's enough to make a cat laugh! »Da lachen ja die Hühner!«

That's not cricket! »Das ist nicht fair!« Cricket gilt seit jeher als Inbegriff der *gentlemanly fairness.*

There are more things in heaven and earth, Horatio,
Than are dreamt of in our philosophy.
»Es gibt mehr Ding' in Himmel und auf Erden,
Als Eure Schulweisheit sich träumt, Horatio.«
Aus Shakespeares *Hamlet* (I,5).

There but for the grace of God go I. Die Redewendung ist ursprünglich Ausdruck der Dankbarkeit oder Nachdenklichkeit angesichts eines Unglücks, das andere aufgrund eigener Schuld trifft. Heute eher eine scherzhafte Nebenbemerkung.

there's not enough room to swing a cat Der Ausdruck bedeutet, daß es in einem Raum sehr eng ist. »Cat« ist hier die Kurzform von *»cat-o'-nine-tails«,* einer Peitsche, die als Strafinstrument verwendet wurde.

there's one born every minute eine ironische Bemerkung, die man hören kann, wenn jemand hereingelegt worden ist. Sie schließt auch die Erkenntnis ein, daß es viele Dumme gibt, jede Minute einen mehr.

There is only one thing in the world worse than being talked about, and that is not being talked about. »Es gibt nur eins, das schlimmer ist, als wenn die Leute über einen reden, und das ist, wenn sie nicht über einen reden.« Aus Oscar Wildes *The Picture of Dorian Gray* (1891).

They also serve who only stand and wait. Schlußzeile aus John Miltons bekanntem Sonett »On His Blindness«. Milton (1608–74) lebte in der Furcht, daß ihn seine fortschreitende Erblindung beim Schreiben und damit beim Verkünden von Gottes Lob behindern könnte. Er fand Trost in dem oben dargelegten Gedanken.

the thin edge of the wedge Die Redensart bedeutet, daß ein scheinbar unbedeutendes Ereignis sehr viel Unangenehmes zur Folge haben kann. Wörtlich: die schmale Seite des Keils.

A thing of beauty is a joy for ever. Erste Zeile eines Gedichtes von John Keats, »Endymion« (1818). Wörtlich lautet sie: Ein schöner Gegenstand ist eine immerwährende Freude.

This world is a comedy to those that think, a tragedy to those that feel. »Die Welt ist eine Komödie für die, die denken, und eine Tragödie für die, die fühlen.« (Horace Walpole, »To Sir Horace Mann«, 1769).

thistle Die Distel ist das Emblem Schottlands. Dazu gehört das Motto: *Nemo me impune lacessit* (»Niemand faßt [greift] mich ungestraft an«).

the three balls drei Messingkugeln, die an englischen Pfandhäusern als Symbol des Gewerbes hängen.

time, gentlemen, please! traditioneller Warnruf britischer Kneipenwirte beim Herannahen der Polizeistunde.

the three R's als unerläßlich angesehene Bestandteile einer elementaren Bildung: reading, writing and arithmetic (Lesen, Schreiben, Rechnen); wobei man es mit dem »R« als Anfangslaut oder -buchstabe nicht so genau nehmen darf.

The time is out of joint. »Die Zeit ist aus den Fugen«. Aus Shakespeares *Hamlet* (I, 5).

to wit das heißt. Ein altertümlicher Ausdruck, der nur noch rhetorisch oder scherzhaft verwendet wird.

tongue in cheek wörtlich: mit der Zunge in der Backe, d. h. nicht wirklich ernstgemeint, sondern ironisch, mit Hintergedanken (z. B. *»some tongue-in-cheek advice«* = ein Rat, der nicht ernstgenommen werden sollte.)

too many cooks spoil the broth Viele Köche verderben den Brei. (»broth« = Brühe)

a touch of the tar brush Die Redensart drückt aus, daß jemand eine dunklere Hautfarbe hat. Wörtlich: ein Pinselstrich Teer.

touch wood! auf Holz klopfen! Die symbolische Bedeutung, die dem Holz hier beigemessen wird, ist Schutz gegen Unglück. Wer dem Aberglauben huldigt, berührt Holz, während er die Wörter ausspricht.

to trip the light fantastic tanzen. Ein verkürztes Zitat aus John Miltons Gedicht »L' Allegro« (1631):
»Come, and trip it, as you go,
On the light fantastic toe.«

trouble-shooter jemand, der die Wogen glättet, Frieden stiftet, Probleme löst. (Gegenteil: *trouble-maker.*)

a true blue ein Konservativer, ein *Tory.* Blau ist die Farbe der britischen konservativen Partei.

Truth is stranger than fiction. Das Sprichwort wird zitiert, wenn man von etwas Außergewöhnlichem erfährt. Wörtlich: Die Wahrheit ist merkwürdiger als das Erfundene.

The truth will out. Wörtlich: Die Wahrheit will heraus. Ähnlich: *murder will out.* Beide Sprichwörter finden sich in ähnlicher Form in Shakespeares *Merchant of Venice*: »Truth will come to light; murder cannot be hid long.«

the Tube gemeint ist die U-Bahn. Sonst: the *Underground.*

Tweedledum and Tweedledee Der Ausdruck bezieht sich auf Personen oder Sachen, die einander zum Verwechseln ähnlich sind. Die Namen wurden durch das Paar in Lewis Carrolls *Through the Looking-Glass* (1871) bekannt, entstammen jedoch einem satirischen Gedicht über Musiker von John Byron.

U

UCCA Abkürzung für: *Universities Central Council on Admissions*, die »Zentralstelle für die Vergabe von Studienplätzen« für britische Universitäten.

U certificate bedeutet, daß ein Film von der Zensur (British Board of Film Censors) als universal eingestuft ist, d. h. für alle Altersgruppen angeboten werden kann. Filme mit *A certificate* können (nach einer älteren Einteilung) Jugendliche unter 16 in Begleitung Erwachsener sehen, und Filme mit *X certificate* sind für Jugendliche unter 16 ungeeignet. Seit 1982 gibt es neue, modifizierte Bezeichnungen: *15, 18* und *PG* (= parental guidance).

UFO Akronym von *»unidentified flying object«* oder, mit einem älteren Ausdruck, »Fliegende Untertasse«.

an ugly customer ein bösartiger, gefährlicher Mensch. Wörtlich: ein häßlicher Kunde.

Ulster alte, aber noch gebräuchliche Bezeichnung für Nordirland; Name eines früheren Königsreichs. Der Name *Northern Ireland* etablierte sich 1920 mit der Teilung Irlands in den Freistaat (*Free State*, später: *Eire*) und den nördlichen, zum *United Kingdom* gehörenden Teil.

umpire Schiedsrichter beim Cricket, Hockey und Tennis. Im übertragenen Sinne jemand, der eine Entscheidung treffen soll, ein Vermittler, ein Schlichter.

umpteen viele, »-zig«. Scherzhafte Analogiebildung zu *thirteen, fourteen* usw. Auch in *umpteen times* = »x-mal«.

'un schriftsprachliche Wiedergabe der Aussprache von *one* in bestimmten Ausdrücken, z. B. *he's a tough 'un*.

unaccustomed as I am to public speaking Seit den fünfziger Jahren wird diese Phrase am Anfang einer Rede ironisch und quasi entschuldigend von solchen Leuten benutzt, die alles andere als ungeübt im Reden sind. Schon die ersten Worte, »Unaccustomed as I am« genügen, um bei den Zuhörern verstehendes Lächeln auszulösen.

Uncle Joe Spitzname für Joseph Stalin.

under separate cover mit getrennter Post.

under the influence betrunken. Der Ausdruck ist eine Kurzform dessen, was im Polizeiprotokoll steht: *under the influence of alcohol.*

under the weather 1. leicht unwohl. 2. »niedergeschlagen«. 3. »beschwipst«.

underdog der Unterlegene, der Benachteiligte.

undergrad Kurzform für *undergraduate,* Student vor dem ersten Examen.

understatement Das Stilmittel der Untertreibung gilt als typisches Element im englischen Sprachgebrauch. Beispiel: »He has had a drop too much.«

understudy beim Theater ein Schauspieler, der eine Rolle einstudiert, um gegebenenfalls kurzfristig für einen Hauptdarsteller einzuspringen.

unflappable *Flap* bedeutete im Zweiten Weltkrieg »Luftalarm«, in den fünfziger Jahren »Aufregung«, »Verwirrung«. Als *»unflappable«* wurde in den sechziger Jahren der Premierminister Harold MacMillan bezeichnet *(»Mac the Unflappable«)*, weil er in der Zeit, in der das Britische Empire verfiel, die Gelassenheit der englischen Oberklasse demonstrierte.

Union Jack offiziell: *Union Flag* – die Flagge des Vereinigten Königsreichs. Sie enthält vier sich überschneidende Kreuze der Schutzheiligen St. George (England), St. Andrew (Schottland), St. David (Wales) und St. Patrick (Irland).

an unknown quantity eine unbekannte Größe, auch im übertragenen Sinne auf eine Person bezogen.

the unmentionables wörtlich: die Unaussprechlichen. Scherzhafte Bezeichnung für Unterwäsche (typischer Ausdruck der viktorianischen Zeit).

until kingdom come wörtlich: bis das Königreich (Gottes) kommt. – Auf sehr lange Zeit, »bis in alle Ewigkeit«.

up and about wieder auf den Beinen (besonders nach einer Krankheit).

up one's street sagt man von einer Situation, in der man sich wohlfühlt oder von Umständen, die den eigenen Interessen entgegenkommen, z. B. »That's up my street!«

up to scratch *»scratch«* bedeutet »Kratzer«; beim Sport ursprünglich eine Markierung im Ring oder auf der Bahn. Idiomatische Wendungen wie *to be up to scratch* oder *to come up to scratch* haben Bedeutung wie: »seinen Mann stehen«, »auf der Höhe sein«, »die Erwartungen erfüllen«.

the upper crust wörtlich: die obere Kruste. Scherzhaft für Aristokratie, »Spitzen der Gesellschaft«.

uppers Slangwort für Aufputschmittel. Beruhigungsmittel heißen entsprechend *downers*.

to upset the apple-cart alle Pläne über den Haufen werfen. Wörtlich: den Apfelkarren umstoßen.

to upstage »jemanden in den Schatten stellen«. Der Begriff kommt aus der Theatersprache: Ein Schauspieler, der sich in den Bühnenhintergrund (= *upstage*) stellt, zwingt seinen Partner, den Zuschauern den Rücken zuzukehren, so daß die Aufmerksamkeit auf ihn selbst gerichtet ist. Als Adjektiv heißt *upstage* entsprechend »hochnäsig«, »überheblich«.

Uriah Heep boshafter Heuchler, nach der entsprechenden Figur in Charles Dickens' Roman *David Copperfield* (1850).

to use one's loaf klar denken, seinen Kopf / Verstand gebrauchen. *Loaf* ist hier eine Verkürzung von *loaf of bread*, was seinerseits *rhyming slang* mit *head* ist.

utility nützliche Sache, Nützlichkeit. Im Zweiten Weltkrieg und danach wurde das Wort auf Gebrauchsgüter wie Kleidung und Möbel, die nach staatlichen Vorschriften hergestellt wurden, angewandt. Seither bezeichnet es die Einschränkungen in der Lebenshaltung in den vierziger Jahren, als der praktische Nutzen wichtiger war als ästhetisches Beiwerk.

Utopia Nach dem Staatsroman von Sir Thomas More, *Utopia* (1516), der ein Phantasieland mit idealem Sozial- und Staatswesen beschreibt, bedeutet das Wort heute soviel wie »Idealzustand« oder »Zukunftstraum«.

V

V.A.T. Abkürzung für *Value-Added Tax* (= Mehrwertsteuer).

V.D. Abkürzung für *veneral disease* (= Geschlechtskrankheit).

V for Victory Bezeichnung für Winston Churchills berühmtes Siegeszeichen: zwei V-förmig gespreizte Finger an der auswärts gedrehten erhobenen Hand.

vacancies notified in der Umgangssprache: gemeldete offene Stellen.

vamp So wurde, besonders in den zwanziger und dreißiger Jahren, die erotisch attraktive, aber berechnende femme fatale bezeichnet, wie sie in Filmen häufig dargestellt wurde. Das Wort ist eine Abkürzung von *vampire*.

Vanity Fair Jahrmarkt der Eitelkeiten. In John Bunyans Allegorie *The Pilgrim's Progress* (1678) errichtet der Teufel in dem Ort Vanity einen Markt, der das ganze Jahr hindurch Vergnügungen aller Art anbietet. William M. Thackeray übernahm den Ausdruck als Titel seines Romans (1847), in dem er menschliche Torheiten verspottet.

variety is the spice of life wörtlich: Abwechslung ist die Würze des Lebens. Der Gedanke findet sich schon in W. Cowpers Gedicht »The Task« (1785):
»Variety is the very spice of life,
That gives it all its flavour.«

varsity Kurzform für *university* entsprechend dem deutschen »Uni«. Eigentlich nur auf Oxford und Cambridge bezogen.

verbal diarrhoea (*diarrhoea* = Durchfall) Drastischer, aber bekannter Ausdruck für übertriebene Redseligkeit oder wortreiches Dozieren. Der früheste Beleg findet sich in Horace Walpoles *Memoirs of George III* (1797): »He was troubled by a diarrhoea of words.«

versus Die Präposition (mit der Abkürzung *v.*) bezeichnet vor allem im Rechtswesen und im Sport Gegnerschaft, z. B. »Jones v. Smith« oder »Manchester United v. Glasgow Rangers«.

the very ticket! genau das Richtige!

vibes gefühlsmäßige Vibrationen durch atmosphärische Ausstrahlung, die von Personen oder Ereignissen ausgeht. Das Wort kommt aus der Hippie-Sprache und wird seit den sechziger Jahren umgangssprachlich verwendet.

Vice Squad Sittenpolizei. Wörtlich: Lasterkommando.

Victoria Cross höchste militärische Auszeichnung in Großbritannien für Tapferkeit vor dem Feind; 1856 von Königin Viktoria begründet.

Victorian Königin Viktorias lange Regierungszeit (1837–1901), die Blütezeit des Britischen Weltreichs.

the villain of the piece der Schurke des Theaterstücks; der für eine üble Sache Verantwortliche.

VIP *»Very Important Person«.* Bedeutende, berühmte Persönlichkeit. Während des Zweiten Weltkriegs nannte die britische Luftwaffe wichtige Persönlichkeiten auf ihren Reisen so, ohne ihre Namen zu nennen.

vital statistics Bevölkerungsstatistik, in der Geburten, Eheschließungen, Sterbefälle usw. erfaßt sind. Scherzhaft auch auf weibliche Körpermaße bezogen.

a voice in the wilderness die Stimme (eines Predigers) in der Wüste (*Jesaja* 40,13), dessen Mahnungen und Warnungen von der Menge ignoriert werden.
»The voice of him that crieth in the wilderness,
Prepare ye the way of the Lord . . .«.

W

wait and see bekannte idiomatische Wendung, die vorsichtiges Abwarten empfiehlt. In der britischen Parlamentsgeschichte wird sie als Redensart von Premierminister Asquith erwähnt, mit der dieser unangenehmen Fragen auswich. Das brachte ihm natürlich viel Spott von seiten der Opposition ein.

walk-on part eine kleine, stumme Rolle im Theater oder Film; Statistenrolle.

Watling Street eine der großen Römerstraßen von Dover über Canterbury, London, St. Albans nach Wroxeter.

We are not amused! Diese Wendung wird der recht strengen Königin Viktoria (1819–1901) zugeschrieben und wird heute als Ausdruck ironischer Distanzierung verwendet.

Wedgwood Keramik- und Porzellanmarke, nach Josiah Wedgwood (1730–1795) benannt. Weltbekannt besonders für Porzellan mit weißem Design auf blaßblauem Untergrund. Die Firma existiert heute noch und stellt Waren nach den traditionellen Mustern her.

A week is a long time in politics. Vielzitierter Ausspruch von Harold Wilson, der 1964–1970 britischer Premierminister war.

Welfare State Vom Wohlfahrtsstaat spricht man in Großbritannien seit 1946, als der *National Insurance Act* aufgrund des *Beveridge Report* (1942) in Kraft trat und für umfangreiche Sozialleistungen sorgte (Krankenversorgung, Rente, Arbeitslosenversicherung, Fürsorge usw.).

West End Stadtbezirk im Westen Londons, bekannt durch seine eleganten Geschäfte, Theater, Restaurants, Hotels sowie die teuren Wohngebiete Mayfair und Soho. Die Bezeichnung wird heute auch bei anderen Städten für im Westen liegende elegante Viertel verwendet.

wet wörtlich: naß. Als Slangwort kommt es von *»wet behind the ears«* (= naß hinter den Ohren) und bedeutet im weiteren Sinne auch »schlapp«, »entscheidungsunfähig«. In diesem Sinne verwendete es Margaret Thatcher gegenüber liberalen Konservativen.

a wet blanket ein Spaßverderber, der wie »eine nasse Decke« wirkt.

to wet one's whistle »sich die Kehle anfeuchten«, »einen heben«. Schon bei Chaucer bekanntes Idiom: »So was her joly whistle wel-y-wet« *(Reeve's Tale)*.

to wet the baby's head Angefeuchtet werden hier die Kehlen derer, die bei der Taufe auf die Gesundheit des Babys anstoßen.

what you lose on the swings you gain on the roundabouts Wörtlich: Was man auf der Schaukel verliert, gewinnt man beim Karussell. Das Sprichwort veranschaulicht die Idee der ausgleichenden Gerechtigkeit: Was man bei einer Unternehmung verliert, kann man bei der nächsten wettmachen.

wheels within wheels versteckte Triebkräfte, die – wie unscheinbare einzelne Räder in einem komplizierten Räderwerk – das Geschehen entscheidend beeinflussen.

When a man is tired of London, he is tired of life. »Wer Londons überdrüssig ist, ist auch des Lebens überdrüssig.« Bekannter Ausspruch von Samuel Johnson (1709–1784).

When constabulary duty's to be done,
The policeman's lot is not a happy one.
Besonders die zweite Zeile (aus der komischen Oper *The*

Pirates of Penzance von Gilbert and Sullivan) wird gern zitiert, wenn das Los der Polizei zu beklagen ist.

When in Rome, do as the Romans do. Sich den Landessitten bzw. den Gegebenheiten anpassen. Evtl. auch: mit den Wölfen heulen.

Where are you going to, my pretty maid? Die Zeile aus einem Volkslied des 18. Jahrhunderts hat sich als scherzhafte Frage an junge Damen erhalten.

whip wörtlich: »Peitsche«, »Einpeitscher«. Im parlamentarischen Leben ein Parteifunktionär, dessen Aufgabe es ist, sicherzustellen, daß die Abgeordneten seiner Partei in Übereinstimmung mit den Wünschen der Parteiführung votieren.

White Ensign Flagge der Marine: rotes Kreuz auf weißem Grund, mit dem Union Jack in der oberen linken Ecke.

White Man's Burden Während der Kolonialzeit wurde diese »Last des weißen Mannes« als Pflicht verstanden, die der weißen Rasse, besonders den Briten, auferlegt war, nämlich die unterentwickelten farbigen Völker zu regieren und für ihre Bildung zu sorgen. Ein Gedicht von Rudyard Kipling hat diesen Titel.

White Man's Grave der Westen Äquatorialafrikas, unter Engländern wegen seiner ungesunden Lebensbedingungen so genannt.

white wedding Hochzeit, bei der die Braut weiß gekleidet ist (und die Trauung in der Kirche stattfindet).

white-collar worker im Gegensatz zum manuellen Arbeiter *(blue-collar worker)* der »Mann mit dem weißen Kragen«, der Angestellte im Büro.

Whitehall Londoner Stadtbezirk mit den wichtigsten Ministerien, daher auch oft Synonym für »britische Regierung«.

who goes home? traditionelle Abschiedsformel des Pförtners, wenn die Abgeordneten abends das Unterhaus verlassen. Die Funktion dieser Formel war früher, den Abgeordneten die Möglichkeit zu geben, sich in Gruppen zusammenzutun, bevor sie sich abends auf den Heimweg durch die dunklen Straßen machten.

whodunit Kriminalgeschichte. »Who (has) done it?« fragt sich der Leser.

wide boy Fuchs, Gauner; einer, der *wide awake* ist.

wild men Parteimitglieder, die extreme oder radikale Positionen vertreten.

wildcat strike wilder Streik, spontane Streikaktion. In England häufiger: *illegal strike.*

wild-goose chase fruchtloses Unterfangen, vergebliche Mühe.

William the Conqueror Wilhelm, Herzog der Normandie, eroberte England durch die Schlacht bei Hastings (1066), regierte in der Folgezeit (bis 1087) das Land und vermittelte dem angelsächsischen England die französisch-normannische Kultur.

Willow Pattern Dieses berühmte blauweiße Porzellanmuster wurde 1780 von Thomas Turner in England eingeführt. Es ist ein Muster im chinesischen Stil und stellt eine Flußszene mit Weidenbäumen dar.

willy-nilly nolens volens. Im Englischen hieß der Ausdruck ursprünglich *will he nill he* (»ob er will oder nicht«).

wind of change (politischer) Meinungsumschwung, besonders mit Reformcharakter. Der Ausdruck ist durch eine 1960 gehaltene Rede des englischen Premierministers Harold Macmillan vor dem südafrikanischen Parlament über Unabhängigkeitsbewegungen bekannt geworden.

window-shopping Schaufensterbummel.

winkle-pickers So nannte man die extrem spitzen Schuhe, die in den 60er Jahren modern waren. *Winkle* heißt eine eßbare Schnecke, die man mit einer spitzen Nadel aus dem Gehäuse holt.

to wipe the floor with someone umgangssprachlich: jemanden heruntermachen, jemanden zutiefst erniedrigen. Wörtlich: den Fußboden mit jemandem wischen.

the wisest fool in Christendom Jakob (James) I. von England (1603–1625), ein gelehrter Monarch und Verfasser von Traktaten über die Frauen und das Rauchen, wurde so von Heinrich IV. von Frankreich genannt.

The wish is father to the thought. »Der Wunsch ist der Vater des Gedankens.« Wir glauben das, was wir glauben wollen. Der Gedanke ist schon bei Caesar formuliert und dann in Shakespeares *Henry IV,* Part II (IV,5), als Prinz Heinrich zu seinem sterbenden Vater sagt:
»I never thought to hear you speak again.«
Worauf der König antwortet:
»Thy wish was father, Harry, to that thought.«

wog äußerst beleidigendes Slangwort, mit dem nichtweiße Ausländer bezeichnet werden. Das Wort ist ein Akronym, wahrscheinlich von *wily* (gerissen) *oriental gentleman* oder *workers on government service.*

wolf cub Pfadfinder der Altersgruppe zwischen 8 und 11 Jahren. Wörtlich: Wölfling.

wolf whistle anerkennendes Pfeifen beim Anblick einer Frau.

womaniser einer, der hinter den Weibern her ist.

wonky umgangssprachlich: wackelig, z. B. *wonky legs.* Auch im übertragenen Sinne angewendet: »unzuverlässig«, »unsicher«.

Wooden Walls Bezeichnung für die hölzernen Kriegsschiffe. Auch nach der Erfindung der Eisenkonstruktion erhielt sich der Ausdruck, in dem sich die Bedeutung der königlichen Marine für die Verteidigung widerspiegelt.

Woolsack ein großer roter, eckiger Sack mit Wolle, offizieller Sitz des Lord Chancellor, Sprecher des Oberhauses. Er wird seit der Herrschaft Eduard III. im 14. Jahrhundert verwendet. Damals symbolisierte er die Wichtigkeit des Wollhandels in England.

Worcester sauce Soße aus Soja, Essig, Sardellen und Zwiebeln, die in England auf jedem Restauranttisch zu finden ist.

work to rule Dienst nach Vorschrift. Bis in jedes Detail gehende Erfüllung der Arbeitsvorschriften mit dem Ergebnis einer Produktionsverzögerung. Eine ähnliche Streikmaßnahme, der Bummelstreik, heißt *go-slow (strike).*

workaholic »Arbeitstier«. Jemand für den die Arbeit zur Sucht geworden ist, wie für den Trinker der Alkohol.

X

Xmas Bezeichnung für *Christmas*, die besonders in der Werbesprache verwendet wird. »X« ist der griechische Buchstabe, der als Symbol für Christus steht.

X-rays 1. Röntgenstrahlen. 2. Röntgenbilder.

Y

YMCA/YWCA gebräuchliche Abkürzungen für *Young Men's/Women's Christian Association*. Christlicher Verein junger Männer/Frauen. Um die Mitte des 19. Jahrhunderts gegründete Organisationen, die inzwischen auf internationaler Ebene wirken. Sie bieten in ihren regionalen Zentren vielerlei Aktivitäten in den Bereichen Religion, Bildung, Sport und Soziales an und stellen Unterkünfte bereit.

yahoo Wesen mit Menschengestalt und bösartigem Charakter in Jonathan Swifts *Gulliver's Travels* (1726).

the year dot umgangssprachlich in Ausdrücken wie: *way back to the year dot* (= vor ewigen Zeiten).

yellow belly in der Schülersprache: »Feigling«. Wieso die Farbe gelb seit langem mit fehlendem Mut assoziiert wird, ist nicht geklärt.

yokel Bauerntölpel – aber ebenso wie das deutsche Wort veraltet.

Yorkshire Pudding hat nichts mit Nachspeise, schon gar nichts mit süßem Pudding zu tun. Es handelt sich um einen gebackenen Eierteig, der zum Rinderbraten gegessen wird.

you can't have your cake and eat it wörtlich: Du kannst den Kuchen nicht (gleichzeitig) behalten und essen. In diesem bekannten Sprichwort kommt zum Ausdruck, daß man sich bei Alternativen letztlich entscheiden muß.

you can't make a silk purse out of a sow's ear wörtlich: Man kann kein Seidentäschchen aus einem Schweineohr machen. Das Sprichwort entspricht etwa dem deutschen »Bauer bleibt Bauer«. Es wurde im Laufe der Zeit vielfach abgewandelt. In Lawrence Sternes Roman *Tristram Shandy* (1767) heißt es, »As certainly as you can make a velvet cap out of a sow's ear«.

You give me a pain (in the neck)! Du gehst mir auf die Nerven!

You said it! »Da magst du wohl recht haben.« Umgangssprachliche Zustimmung zu einer Äußerung; kann leicht etwas betulich-komisch klingen.

you scratch my back and I'll scratch yours wörtlich: Du kratzt mir meinen Rücken und ich kratz' dir deinen. Im Sinne von »Du singst mein Lob und ich singe deines« könnte dies das Motto einer «Mutual Admiration Society« sein. Das Sprichwort heißt aber auch: »Eine Hand wäscht die andere.

You'll do yourself out of a job! Scherzhafte Redensart gegenüber jemanden, der hart arbeitet: »Du wirst dich um deinen eigenen Job bringen!«

Your Grace Eure Hoheit / Exzellenz. Ehrentitel bei der Anrede von Herzögen, Herzoginnen und Erzbischöfen.

Your Worship Euer Gnaden, Euer Ehren. Mit diesem respektvollen Titel werden Bürgermeister und Richter angeredet.

you're making the place look untidy Scherzhafte Einladung an einen Gast, Platz zu nehmen. Wörtlich: Du machst es hier unordentlich.

you're only young once »Man ist nur einmal jung.«

Yours sincerely, . . . / Yours truly, . . . etc. *Yours sincerely, . . .* ist die gebräuchlichste Schlußformel im Brief. *Yours, . . .* oder *Love, . . .* sind persönlicher, *Yours truly, . . .* oder gar *Yours faithfully, . . .* formeller. Letzteres wird in den Vereinigten Staaten nicht verwendet. Wichtig ist, daß die Schlußformel stilistisch zur Begrüßungsformel paßt, wie etwa *Yours sincerely, . . .* zu *Dear Mrs. Smith, . . .* oder *Yours faithfully, . . .* zu *Dear Sir, . . .*

You've never had it so good. Wahlkampfslogan zur Zeit des Premierministers Harold Macmillan (1957–1963) im Hinblick auf den allgemeinen Wohlstand, den die Massen in England angeblich unter der konservativen Regierung seit dem Zweiten Weltkrieg genossen.

Yule alter Ausdruck für *Christmas*, s. norwegisch *jol.*

yum, yum! Mit diesem Ausdruck wird in der Kindersprache Begeisterung für gutes Essen zum Ausdruck gebracht.

Z

zany Modewort mit der Bedeutung »verrückt«, »närrisch«; früher hieß das Wort »Clown«.